A ARTE DA FELICIDADE
NO TRABALHO

A ARTE DA FELICIDADE NO TRABALHO

SUA SANTIDADE,
O DALAI-LAMA,
e
HOWARD C. CUTLER

Tradução
LÚCIA BRITO

Revisão da tradução
MARINA APPENZELLER

Martins Fontes
São Paulo 2004

Esta obra foi publicada originalmente em inglês com o título
THE ART OF HAPPINESS AT WORK por Riverhead Books.
Copyright © 2003 by His Holiness the Dalai Lama and Howard C. Cutler, M.D.
Copyright © 2004, Livraria Martins Fontes Editora Ltda.,
São Paulo, para a presente edição.

1ª edição
novembro de 2004

Tradução
LÚCIA BRITO

Revisão da tradução
Marina Appenzeller
Acompanhamento editorial
Luzia Aparecida dos Santos
Revisões gráficas
Ivani Aparecida Martins Cazarim
Mauro de Barros
Dinarte Zorzanelli da Silva
Produção gráfica
Geraldo Alves
Paginação/Fotolitos
Studio 3 Desenvolvimento Editorial

Dados Internacionais de Catalogação na Publicação (CIP)
(Câmara Brasileira do Livro, SP, Brasil)

Bstan-®dzin-rgya-mtscho, Dalai Lama XIV, 1935- .
A arte da felicidade no trabalho / sua santidade o Dalai-Lama e Howard C. Cutler ; tradução Lúcia Brito ; revisão da tradução Marina Appenzeller. – São Paulo : Martins Fontes, 2004.

Título original: The art of happiness at work.
ISBN 85-336-2050-0

1. Budismo – Doutrinas 2. Felicidade 3. Felicidade – Aspectos religiosos – Budismo 4. Satisfação no trabalho 5. Trabalho – Aspectos psicológicos 6. Trabalho – Aspectos religiosos – Budismo I. Cutler, Howard C. II. Título.

04-7245   CDD-294.3444

Índices para catálogo sistemático:
1. Felicidade no trabalho : Ensinamentos budistas   294.3444

Todos os direitos desta edição para o Brasil reservados à
Livraria Martins Fontes Editora Ltda.
Rua Conselheiro Ramalho, 330   01325-000 São Paulo SP Brasil
Tel. (11) 3241.3677   Fax (11) 3105.6867
e-mail: info@martinsfontes.com.br   http://www.martinsfontes.com.br

ÍNDICE

Nota do autor   *VII*
Introdução   *1*

Capítulo 1 Transformando a insatisfação no trabalho   *11*
Capítulo 2 O fator humano   *39*
Capítulo 3 Ganhar dinheiro   *53*
Capítulo 4 Equilíbrio entre tédio e desafio   *73*
Capítulo 5 Emprego, carreira e vocação   *107*
Capítulo 6 Autoconhecimento   *131*
Capítulo 7 Trabalho e identidade   *155*
Capítulo 8 Meio de vida correto   *175*
Capítulo 9 Felicidade no trabalho   *195*

Epílogo   *229*
Apêndice   *235*

NOTA DO AUTOR

Neste livro são relatadas longas conversas com o Dalai-Lama. Ele generosamente permitiu-me selecionar o formato de livro que eu julgasse melhor para transmitir suas idéias de maneira mais eficaz. Concluí que o formato narrativo encontrado nestas páginas seria mais fácil de ler e, ao mesmo tempo, daria uma noção de como o Dalai-Lama incorpora suas idéias à sua própria vida cotidiana. Com a aprovação dele, organizei este livro por tópicos e optei por combinar e integrar assuntos de várias conversas diferentes. O talentoso intérprete do Dalai-Lama, o doutor Thupten Jinpa, revisou gentilmente o manuscrito para garantir que não

A ARTE DA FELICIDADE NO TRABALHO

houvesse distorções por descuido das idéias do Dalai-Lama devido ao processo editorial.

Algumas histórias e casos curiosos pessoais foram apresentados para ilustrar as idéias em discussão. A fim de manter o sigilo e proteger a privacidade, troquei os nomes e alterei detalhes e características peculiares para evitar a identificação dos indivíduos.

INTRODUÇÃO

A arte da felicidade: um manual para a vida foi publicado no final de 1998 e, para minha grande surpresa, o livro rapidamente conquistou uma imensa popularidade. Por algum motivo, as mensagens singelas do Dalai-Lama pareceram ressoar no coração de milhões de leitores:

- O propósito da vida é a felicidade.

- A felicidade é determinada mais pelo nosso estado mental do que por condições, circunstâncias ou acontecimentos externos – pelo menos depois que as necessidades básicas para sobreviver estão garantidas.

A ARTE DA FELICIDADE NO TRABALHO

* A felicidade pode ser alcançada por meio do treinamento sistemático de nossos corações e mentes, por meio da transformação de nossas atitudes e de nossos pontos de vista.
* A chave para a felicidade está em nossas próprias mãos.

O sucesso do livro foi tão inesperado para o Dalai-Lama quanto para mim. Na verdade, ele mal tinha conhecimento da popularidade do livro quando o encontrei certa tarde, depois de o livro já estar há meses na lista dos mais vendidos do *New York Times*. Como monge budista, o Dalai-Lama não se preocupa com assuntos como venda de livros; na verdade, seu treinamento monástico proíbe terminantemente a busca de fama ou de dinheiro, daí ele não ter dado muita atenção enquanto o livro galgava as listas dos mais vendidos em todo o mundo. Quando o informei do sucesso do livro, ele pareceu sinceramente surpreso. – É mesmo? – perguntou.

Garanti que era verdade. Como aquela era a sua primeira visita aos Estados Unidos desde a publicação de *A arte da felicidade*, previ a possibilidade de entrevistas pela mídia devido à grande projeção do livro. Achei que seria melhor instruí-lo. Afinal de contas, aquele era apenas um entre dúzias de livros dele lançados ao longo dos anos. Imaginei-o aparecendo num programa como *Larry King Live*, onde lhe fariam perguntas sobre o livro, e ele respondendo: "A arte do quê...?" Isso de fato aconteceu em menor escala quando King lhe perguntou: "Por que uma *arte?*" O Dalai-Lama não tinha a menor idéia. O editor ha-

INTRODUÇÃO

via escolhido o título. Como ele gentilmente deixara a estruturação e a edição final do livro aos meus cuidados, indaguei se ele tinha alguma pergunta a fazer sobre o livro. Tinha apenas uma.
 – O livro foi útil para as pessoas? – perguntou.
 – Foi sim. Com certeza – garanti entusiasmado. Pela primeira vez, ele pareceu ficar interessado.
 – De que modo? – perguntou com sincera curiosidade. Ele me pegou desprevenido.
 – ... Uh, er... não sei... – gaguejei, dando de ombros.

Embora o editor me houvesse mandado muitas cartas comoventes de leitores, naquele momento não consegui pensar em um único exemplo. Finalmente resmunguei uma resposta, não lembro qual, mas me senti um pouco como um estudante blefando em um exame oral.

Mais tarde, entretanto, refleti sobre a pergunta dele. Era impossível saber realmente até que ponto suas idéias teriam ajudado aos outros, mas me indaguei se estas idéias haviam provocado algum impacto sobre mim. É claro que haviam. Depois de passar incontáveis horas com ele e cinco anos aprimorando nosso primeiro livro, eu era mais feliz? Era. *Com certeza*, pensei, sorrindo comigo mesmo, repetindo a resposta dele para mim muitos anos antes, quando perguntei se ele era feliz. Ainda assim, eu tinha a sensação de que deveria haver mais alguma coisa. Embora sentisse que suas idéias haviam me ajudado a ser uma pessoa mais feliz, eu ainda tinha um longo caminho a percorrer antes de alcançar aquele tipo de alegria penetrante que ele parecia irradiar sem qualquer esforço. E eu queria fazer aquela viagem.

◆

3

A ARTE DA FELICIDADE NO TRABALHO

Então descobri que ainda havia lacunas e perguntas não respondidas. Comecei a ansiar por uma oportunidade de me sentar com ele de novo, aprimorar nossas discussões anteriores, acrescentar novos desvios e assuntos, aprofundar nossa discussão a respeito de como levar uma vida feliz nesse mundo complexo. E as perguntas não eram só minhas. Desde a publicação de nosso livro, tinha ouvido muita gente, amigos e estranhos, indicar partes que faltavam, fazer perguntas, assinalar tópicos deixados de lado. Com as perguntas, ocorreram muitas conversas que começaram por: "Ei, Howard, se você tiver a oportunidade de falar com o Dalai-Lama de novo, poderia fazer o favor de perguntar a ele sobre..." Não demorou muito para que a idéia de um segundo livro começasse a adquirir forma.

Claro que havia um grande obstáculo a um outro livro. Os anos haviam passado, e a importância do Dalai-Lama no cenário mundial tinha aumentado, provocando um congestionamento em sua agenda. Ele simplesmente poderia não ter tempo. Sem falar que ele tinha coisas mais importantes a fazer. Preocupava-me ele não concordar, não conseguir encontrar tempo. Contudo, eu conhecia seu calcanhar-de-aquiles, sua fraqueza secreta, que eu estava preparado para explorar descaradamente – seu desejo sincero de servir aos outros. Todas as pessoas próximas dele sabem muito bem que o Dalai-Lama tem grande dificuldade de dizer não a qualquer projeto que ele sinta que pode beneficiar aos outros. E ao fazer meu pedido eu sabia que, se tudo o mais falhasse, ele seria suscetível à lamúria.

Por sorte não foi preciso muita lamúria. Uma vez convencido de que haveria benefícios para os outros em nos-

INTRODUÇÃO

so encontro, ele prontamente concordou com ele, e assim nos vimos juntos novamente em sua casa, em Dharamsala, preparando-nos para começar a trabalhar em uma continuação de *A arte da felicidade*.

Nosso primeiro livro havia se concentrado no tema geral do desenvolvimento interior. Mas, como muitos leitores apontaram, um indivíduo não vive em um vazio. Vivemos no mundo, interagimos com a sociedade, e a sociedade em que vivemos evidentemente pode ter impacto sobre os indivíduos. Assim, começamos planejando um trajeto de ação, preparando uma lista de assuntos que havíamos omitido em nosso primeiro livro. Logo se tornou claro que, em nosso primeiro livro, havíamos evitado qualquer discussão mais profunda sobre os problemas na sociedade. Havia um motivo para isso. Como ressaltei em nosso primeiro livro, tanto pela inclinação quanto pelo treinamento como psiquiatra, meu campo de interesse sempre se limitou à exploração dos processos internos da mente, à psique humana. Sempre fui fascinado pela dinâmica interna, pelo modo como várias emoções destrutivas surgiam e se manifestavam na vida dos indivíduos. A discussão de temas mais abrangentes da sociedade pouco me interessava. Além disso, os inúmeros problemas na sociedade pareciam tão vastos, tão avassaladores, tão intimidantes que minha reação era simplesmente bloqueá-los. Negação, o velho e infalível mecanismo de defesa. Um dos favoritos de todo mundo. Embora eu não mais aceite pacientes para psicoterapia individual, consigo me lembrar muito bem de sessões em que o paciente

◆

começava a falar de suas preocupações com o emprego, de problemas de dinheiro, de finanças, da vida em um mundo violento, e de que minha mente começava imediatamente a vagar. Não que esses assuntos não fossem fontes autênticas de sofrimento para o paciente, mas pareciam problemas tão insolúveis que eu simplesmente me sentia impotente. Por isso, assim que alguém começava a falar destes assuntos, meu olhar se turvava, como se uma espécie de véu invisível baixasse sobre a minha mente. Consolava-me raciocinando que, já que eu nada poderia fazer a respeito dessas coisas, não havia como ajudar. Lembro-me até de me sentir vagamente ofendido, chateado, quando traziam tais assuntos para a terapia. *"Ei, meu trabalho não é esse!"* Será que eles não conseguiam entender isso?

Durante as discussões que levaram ao nosso primeiro livro, o Dalai-Lama muitas vezes levantou problemas globais e sociais. Mas eu sempre dava um jeito de fugir, de redirecioná-lo e de trazer a discussão de volta ao nível do indivíduo. Mas lá estávamos nós, confrontando o panorama mais amplo mais uma vez. A lista de tópicos que estávamos desenvolvendo era gigantesca: a violência, o medo quanto à nossa segurança e de nossa família, o racismo e a intolerância, a pobreza, a poluição e a destruição do meio ambiente, a desintegração da família, o envelhecimento em uma cultura voltada para a juventude, a redução dos recursos financeiros e pessoais, a ganância e os escândalos nas empresas, o desemprego, a insatisfação de todos no trabalho. A lista só aumentava. Se fôssemos explorar todas as facetas da experiência humana, construir uma abordagem holística do sofrimento e da alegria humana, não havia ma-

INTRODUÇÃO

neira de evitar o confronto direto com tais problemas. No mundo pós-11 de setembro e na economia pós-Enron, esses temas adquiriam um vulto maior do que nunca.

Havia ainda um outro fator que me fazia hesitar em abordar tais tópicos, um fator que levantei no início de nossas discussões. Apresentando minha preocupação ao Dalai-Lama, expliquei:

— Sei que iremos falar dos problemas na sociedade. E estou realmente ansioso para saber o que o senhor acha. No passado, o senhor mencionou que o papel com o qual mais se identificava era o de monge budista, e dediquei-me o suficiente a seus ensinamentos para conhecer a profundidade de sua erudição em filosofia budista. Mas, depois de conhecê-lo há tantos anos, acho que o senhor está perfeitamente qualificado para discutir muitas outras áreas. Sei que o senhor acredita firmemente na importância dos valores éticos, dos valores humanos essenciais. E muitas vezes eu o ouvi falar apaixonadamente sobre a aplicação desses valores éticos a cada campo da atividade humana: negócios, política, economia, etc. Ao longo dos anos, o senhor encontrou-se não apenas com personalidades religiosas de todas as grandes tradições, mas também com líderes de todos os setores, lideranças políticas mundiais, cientistas importantes, líderes de negócios, e participou de diálogos e conferências com eles. — Ele assentia com a cabeça enquanto eu falava: — Em suma, o senhor adquiriu muita educação prática por meio da discussão exaustiva com especialistas de diversos campos; e o senhor refletiu muito sobre a incorporação desses valores religiosos...

— Mais pelo aspecto da ética secular — ele corrigiu.

◆

7

A ARTE DA FELICIDADE NO TRABALHO

– Pela perspectiva da ética secular, então – concordei.
– Mas o ponto a que quero chegar é que não me sinto qualificado para discutir essas coisas com o senhor. Estudei psiquiatria, antes disso medicina, e arte ainda antes. Eu mal via os noticiários, pelo menos até o 11 de setembro. De fato, provavelmente sou a pessoa menos qualificada para explorar esses tópicos com o senhor.

O Dalai-Lama ficou em silêncio por um instante enquanto considerava o que eu havia dito; depois respondeu:
– Esses problemas humanos, esses problemas na sociedade não surgem do nada. São criados por seres humanos e surgem dos mesmos problemas que todos os indivíduos têm; mas coletivamente, em uma escala mais ampla, há um efeito cumulativo. Acho que, como psiquiatra, você está qualificado para entender os fatores psicológicos que contribuem para os comportamentos destrutivos individuais, comportamentos que mais tarde criam problemas para a sociedade, quando um grande número de pessoas age de determinada maneira. Além disso – acrescentou –, você é um ser humano. Vive no mundo como todos os outros. Não precisa ser um especialista para discutir essas coisas. Se é para melhorar os problemas da sociedade, não basta alguns poucos especialistas discutirem essas coisas. Todos os indivíduos têm de mudar, e a única forma de mudarem é terem maior consciência dos grandes problemas, compreenderem o que cria o problema, e o desejo de transformar as coisas em cada um. Assim, como membro da sociedade, você está tão qualificado quanto qualquer outro. E a única forma de mudar é por meio da educação. Assim, se levantarmos certas questões durante nossa discussão, você

♦
8

INTRODUÇÃO

depois pode ler, pesquisar, aprender sobre elas. Encontrar seus próprios exemplos. Isso compete a cada um de nós. É nossa responsabilidade.

Então começamos. À medida que nossas discussões progrediam ao longo dos dois anos seguintes, ficou claro que o tema da felicidade humana era tão vasto e havia tantos tópicos a abordar que precisaríamos dividir o material em diversos livros. Mas restava uma questão: como deveríamos estruturar e apresentar o material? E por onde deveríamos começar? Depois de refletir um pouco, a escolha lógica pareceu evidente: ao observar a rotina diária da maioria das pessoas, selecionaríamos a atividade que ocupa a maior parte do tempo que passamos acordados: o trabalho.

Quando sugeri que este fosse o tema de nosso próximo livro, que ele se chamaria *A arte da felicidade no trabalho*, o Dalai-Lama concordou prontamente e riu.

– Hummm... *A arte da felicidade no trabalho*. Como você sabe, eu viajo muito a trabalho, e estabeleço um determinado tempo de vôo que julgo conveniente para mim, mas o vôo atrasa, atrasa, atrasa! – Ele continuou a rir. – Isso me irrita um pouco, me deixa um pouco "infeliz" no local de trabalho. Por isso, acho que eu também preciso de um livro "A arte da felicidade" especial.

Após discutirmos por um tempo, chegamos à estrutura de uma série de livros que ampliarão os tópicos apresentados em *A arte da felicidade: um manual para a vida* e que abordarão de forma mais completa o tema complexo da felicidade humana. Começamos este segundo volume,

◆
9

aplicando as idéias do Dalai-Lama para encontrar mais felicidade no trabalho. Um próximo livro irá se estender sobre as características específicas do ambiente de trabalho, explorará como aplicar os valores humanos essenciais ao mundo dos negócios e do comércio e discutirá a liderança, mostrando como qualquer um pode cultivar as qualidades de um líder capaz. Em um volume distinto também continuaremos nossa exploração sobre como incorporar princípios éticos à vida cotidiana e abordaremos a seguinte questão: "Como podemos manter a felicidade diante das duras realidades do mundo de hoje?" Esse volume comentará algumas das condições inevitáveis da existência humana, como o envelhecimento, a doença e a morte, assim como alguns dos difíceis problemas do mundo de hoje: violência, racismo, pobreza, destruição do meio ambiente. Explorará como podemos viver sem medo, com coragem e esperança. O último livro da série acrescentará a peça final à nossa busca da felicidade, mostrando como nossa infelicidade é provocada, em última análise, pelo hiato entre a aparência e a realidade, pelo hiato entre o modo como percebemos as coisas e como as coisas realmente são. Seguiremos até as raízes de nossas emoções destrutivas, até os estados mentais que criam nosso sofrimento e obstruem nossa felicidade, as distorções no pensamento, nossas percepções equivocadas habituais de nós mesmos, dos outros e do mundo ao nosso redor. Dessa forma, em nosso último volume, o foco voltará para o nosso mundo interior, enquanto o Dalai-Lama entrelaçará os conceitos apresentados nos trabalhos anteriores e apresentará um programa prático estruturado para o desenvolvimento interior.

Mas agora, ao trabalho...

Capítulo 1

TRANSFORMANDO A INSATISFAÇÃO NO TRABALHO

O Dalai-Lama tivera um longo dia. Tomara o frugal desjejum de *tsampa*[1] e chá às sete e meia da manhã e, a essa hora, já havia despertado há quatro e concluíra o rigoroso ritual diário de preces, estudo e meditação. Depois do desjejum, ele começa sua jornada de trabalho habitual, e naquele dia sua agenda estava repleta: sem intervalos, conversou com um oficial do governo indiano, com o lama que dirige uma das antigas linhagens do budismo tibeta-

---

1. *Tsampa* é um prato básico da culinária tibetana tradicional. São bolinhos de farinha de cevada torrada comidos com uma espécie de caldo feito de chá, manteiga e sal.

A ARTE DA FELICIDADE NO TRABALHO

no, com o presidente de uma república da Federação Russa, com um alto funcionário do governo tibetano no exílio e com vários membros de seu gabinete particular. Fiquei admirado quando, entre aqueles vários encontros particulares, ele se reuniu com um grupo de refugiados tibetanos recém-chegados. Eles haviam feito a árdua viagem através do Himalaia usando qualquer meio de transporte ao seu alcance: consideravam uma sorte pagarem para viajar em um ônibus antediluviano, mas mais provavelmente tinham feito o percurso de carona, viajando no compartimento aberto de uma caminhonete sacolejante. Alguns haviam cruzado a fronteira montanhosa a pé, galgando desfiladeiros a enormes altitudes com implacável determinação. Entre eles, viam-se crianças que haviam perdido dedos das mãos ou dos pés – vítimas de gangrena pelo frio. Muitos haviam chegado sem um tostão, na miséria, as tradicionais *chubas* (trajes típicos tibetanos) esfarrapadas e empoeiradas devido à longa jornada. Em alguns rostos mais velhos, rostos avermelhados, castigados e sulcados pelo vento e pelo clima rude, detectavam-se sinais de um sofrimento inenarrável, eram espíritos fortalecidos por anos de maus-tratos por parte dos comunistas chineses. Para muitos deles, entretanto, um mero relance do Dalai-Lama, a realização do sonho de uma vida inteira, era suficiente para reanimar o espírito e impregná-lo de esperança e de alegria recuperada. O Dalai-Lama dedicou a todos, jovens e velhos, palavras de esperança e estímulo, bem como conselhos práticos e realistas, indo de "A educação é essencial para o sucesso" a "Vocês, homens, devem agora tomar cuidado quando saírem com prostitutas: podem pegar uma doença".

♦

TRANSFORMANDO A INSATISFAÇÃO NO TRABALHO

Finalmente eram duas da tarde, hora do último compromisso agendado do dia. E lá estava eu. Para nosso trabalho, eu havia reservado várias horas todas as tardes, e estava ali para coletar os dados. No entanto, nossos encontros estavam longe de ser *tête-à-têtes* de tagarelice. Na verdade, eu em geral não dava trégua ao Dalai-Lama enquanto lutávamos para conciliar Oriente e Ocidente, e azucrinava-o com perguntas intermináveis, uma considerável proporção das quais ele classificava de tão tolas ou impossíveis de responder que se tornaram piadas comuns entre nós e puseram à prova até sua lendária paciência.

De pé na varanda cortinada por buganvílias, tendo as majestosas montanhas nevadas Dhauladhar do norte da Índia como pano de fundo, o Dalai-Lama me recebeu calorosamente enquanto me conduzia para dentro de sua casa. Pouca coisa havia mudado na sala desde o nosso primeiro encontro há vinte anos. As mesmas *thankas*, pinturas tradicionais tibetanas, alinhadas nas paredes amarelo-claro, o mesmo altar budista recoberto de imagens budistas requintadas em uma extremidade da sala e o mesmo mapa em relevo do Tibete dominando a parede oposta, do chão ao teto. Até a mobília modesta parecia ser a mesma, embora fosse possível que o sofá tivesse sido reformado.

Enquanto eu desempacotava meus blocos de anotação e remexia no gravador, conversamos informalmente sobre algumas de suas atividades e encontros naquele dia. O Dalai-Lama geralmente agendava nossas reuniões como o último compromisso do dia, de modo que, enquanto eu matava tempo na sala de recepção anexa, esperando o início de nosso encontro, tive a oportunidade de observar muitas vezes o conjunto das pessoas que vinham vê-lo. Naquele dia em particular, fiquei impressionado com a diversidade dos indivíduos em busca do tempo e dos conselhos dele, gente que vinha de todos os cantos da terra para visitá-lo. Pensando nisso no início da nossa sessão, eu disse:

– Não pude deixar de observar as pessoas muito diferentes que vêm procurá-lo, pessoas de várias profissões, vários tipos de emprego. E fiquei pensando em como o senhor também está envolvido em tantos tipos diferentes de atividades. Nessa semana quero me concentrar no tópico do trabalho...

– Está bem – o Dalai-Lama assentiu com a cabeça.

– E, como falaremos sobre o trabalho esta semana, fiquei curioso: qual o senhor considera seu principal trabalho?

O Dalai-Lama pareceu perplexo. – O que você quer dizer com isso?

Fiquei perplexo sobre o motivo de ele ter ficado perplexo. Parecia uma pergunta simples.

– Bem, no Ocidente – expliquei –, quando conhecemos alguém, muitas vezes a primeira pergunta que fazemos a um estranho é: "O que você faz?", que significa especificamente: "Em que você trabalha? Qual é o seu emprego?" Assim, se o senhor deparasse com uma pessoa que nunca viu antes, e ela não o conhecesse ou nunca tivesse ouvido falar do Dalai-Lama e nem sequer soubesse o que significa seu manto de monge, se ela visse apenas o ser humano e perguntasse: "O que o senhor faz da vida?", qual seria a sua resposta?

O Dalai-Lama refletiu em silêncio por um bom tempo e finalmente declarou:

TRANSFORMANDO A INSATISFAÇÃO NO TRABALHO

— Nada. Não faço nada.

Nada? Como reação ao meu olhar desconcertado, ele repetiu para si mesmo:

— Se me fizessem esta pergunta de repente, a minha resposta provavelmente seria: nada.

Nada? Como? Era evidente que ele trabalhava tanto quanto qualquer outro conhecido meu, até mais. E, embora aquele dia tenha sido extenuante, fora leve em comparação à sua agenda durante suas viagens freqüentes ao exterior. No papel de agregado informal à sua pequena equipe em uma turnê de palestras pelos Estados Unidos no ano anterior, eu havia testemunhado uma notável e incansável demonstração de atividade, dedicação e trabalho árduo: como estadista, o Dalai-Lama participara de reuniões com o presidente George W. Bush, o secretário de Estado Collin Powell e uma legião de senadores e membros de alto nível do Congresso. Como professor, monge budista ordenado e consumado erudito budista, fez longas palestras sobre as facetas mais sutis da filosofia budista. Como ganhador do prêmio Nobel da Paz e como incansável defensor da paz mundial e dos direitos humanos, fez discursos públicos para dezenas, centenas de milhares de pessoas. Como líder religioso empenhado em promover o diálogo entre as religiões e a harmonia, participou de reuniões com personalidades religiosas de diversos credos: padres, rabinos, *swamis* e até o presidente da igreja mórmon. Participou de reuniões com cientistas, eruditos, artistas, com famosos e anônimos. E, em todos os lugares que visitou, encontrou-se com os refugiados tibetanos locais que lutam para ganhar a vida e prosperar em um novo país. Trabalhava da manhã à noite,

◆

viajando de uma cidade para outra com tanta rapidez que um lugar parecia fundir-se com o seguinte. Ainda assim, nenhum único encontro ou evento dessa turnê foi iniciativa sua – todos tiveram como base convites feitos por outros. O mais notável era que ele parecia lidar com o trabalho sem esforço, por mais que sua agenda fosse apertada. Sentia-se feliz trabalhando.

Não fazia nada? Como?

– Estou falando a sério – pressionei. – E se alguém insistisse e perguntasse de novo?

Ele riu: – Bem, nesse caso eu provavelmente diria: "Só tomo conta de mim, só cuido de mim mesmo." – Talvez por sentir minha frustração com a resposta fácil, ele sorriu e continuou: – Acho que essa resposta talvez não seja inteiramente séria. Mas, de fato, se você pensar, é a verdade. Todos os seis bilhões de seres humanos do mundo só estão cuidando deles mesmos, não é?[2] Assim, como profissional, ou qualquer que seja o tipo de atividade que se está desenvolvendo, cada um de nós, do nascimento até a morte, só está trabalhando para cuidar de si mesmo. Essa é a nossa principal tarefa.

Minha tentativa de fazê-lo apresentar uma descrição de suas ocupações estava dando em nada rapidamente. E não era a primeira vez que eu notava a sua relutância natural em envolver-se em discussões sobre seu papel no mundo. Talvez fosse devido ao fato de ele não se centrar muito em si, de não se interessar muito por si. Não sei. Mas deci-

---

2. Ao falar inglês, o Dalai-Lama às vezes usa a expressão *"isn't it?"* (*"Não é?"*) no sentido de *"don't you agree?"* (*"Você não concorda?"*) ou *"don't you think so?"* (*"Você não acha?"*).

di abandonar o assunto do seu trabalho por um tempo e voltar ao tema mais amplo.

– Então, ao trabalhar para cuidar de si mesmas, a maioria das pessoas precisa de algum tipo de emprego. No passado, ouvi o senhor dizer muitas vezes que o propósito da vida é a felicidade.

– Isso mesmo – ele concordou.

– Precisamos, portanto, de uma maneira de sermos felizes tanto no trabalho quanto em casa, mas isso nem sempre é fácil. Deixe-me dar o exemplo de uma amiga minha. Dei-lhe um exemplar de *A arte da felicidade* logo depois do lançamento. Ela contou-me que o mantinha em sua mesa de cabeceira e o lia todas as noites antes de deitar. Sentia-se tremendamente inspirada por suas palavras e disse que, quando o lia, intuía que era realmente possível ser feliz. Mas então me contou: "Quando vou para a cama, fico pensando que, se me esforçar, a felicidade estará ao meu alcance, que a felicidade genuína está lá fora esperando por mim. Mas, na manhã seguinte, tenho de levantar às cinco da madrugada e enfrentar uma viagem de uma hora até o trabalho. E, no minuto em que ponho o pé no escritório, tudo muda: sou obrigada a lidar com pressões e exigências, meu chefe é um tonto e não suporto meus colegas de trabalho. De repente, parece que a idéia de felicidade se esvai. Simplesmente evapora-se. É tanta agitação que mal consigo respirar, quanto mais exercitar minha mente ou me desenvolver interiormente. E claro que a companhia em que trabalho não dá a mínima para a minha felicidade. Mas preciso trabalhar. Preciso do dinheiro. Não posso simplesmente me demitir e esperar encontrar outro emprego. Desse modo, como posso encontrar a felicidade no trabalho?" E é claro que minha amiga não é um caso isolado – continuei. – Em muitos países em todo o mundo parece haver uma espécie de grande insatisfação com o trabalho. De fato, li há pouco, em um relatório de uma pesquisa, que quase a metade dos trabalhadores americanos se sente insatisfeita com o trabalho, infeliz em seu emprego. Alguns especialistas com que falei disseram que esse número pode ser ainda maior. E as coisas parecem estar piorando. De acordo com a Conference Board, a organização sem fins lucrativos que conduziu o levantamento, o mesmo estudo mostrou que ao longo dos últimos cinco ou seis anos o percentual de pessoas satisfeitas com seu emprego caiu em torno de 8%.

O Dalai-Lama mostrou-se surpreso.

– Por quê? – perguntou.

– Bem, de acordo com os estudos que li, pode haver muitos motivos, desde remuneração inadequada ou simples tédio até fatores mais complexos relacionados com a natureza específica do trabalho ou com as condições do local de trabalho. Existem todos os tipos de coisas que podem deixar uma pessoa insatisfeita no trabalho: clima social que deixa a desejar, falta de reconhecimento, variedade insuficiente, etc. De fato, gostaria de ouvir sua opinião sobre cada um desses fatores. Mas vou lhe dar um exemplo. Poucos dias antes de vir para Dharamsala, jantei com uns amigos, ambos trabalham na indústria de *softwares* em grandes corporações. Passaram boa parte do jantar reclamando dos seus empregos. Embora trabalhem em empresas diferentes, uma coisa que os dois mencionaram foi que sentiam não ter nenhum controle sobre o que faziam todos os dias. Não ti-

TRANSFORMANDO A INSATISFAÇÃO NO TRABALHO

nham nenhuma sensação de autonomia, nenhuma liberdade para fazer o trabalho do jeito deles. Ambos queixaram-se de não receber informações e orientação suficientes dos chefes; porém, quando finalmente recebem uma tarefa ou atribuição bem definidas, desejariam executá-la do jeito deles. Em vez disso, o supervisor parece ficar em cima deles, olhando por cima dos seus ombros, deixando-os sem margem alguma para a criatividade ou a iniciativa pessoal. Ressentiam-se porque não tinham nenhum controle sobre o tipo de trabalho exigido deles, nem sobre seu modo de trabalhar. Assim sendo, o senhor tem alguma idéia sobre como uma pessoa poderia proceder para aumentar a sensação de autonomia ou de liberdade no trabalho?

– Não sei – respondeu o Dalai-Lama. – Claro que vai depender inteiramente das circunstâncias individuais da pessoa, da posição em que ela está.

– Nada de sugestões gerais?

Ele refletiu por um momento.

– Vamos pegar o exemplo de um prisioneiro. Ora, claro que é melhor não estar preso, mas mesmo nesta situação em que a pessoa está privada de sua liberdade, ela pode descobrir pequenas escolhas que tem condições de fazer. E mesmo que esteja na prisão, com regras muito rígidas, pode adotar algumas práticas espirituais para tentar diminuir as frustrações mentais, para tentar conquistar um pouco de paz de espírito. Para conseguir trabalhar o desenvolvimento interior. De fato, ouvi dizer que existe um programa aqui na Índia em que ensinam meditação para os presos.

"Então, se as pessoas conseguem fazer isso sob as condições extremas da prisão, acho que podem tentar descobrir pequenas coisas no local de trabalho, pequenas escolhas que podem ser feitas sobre como executar o trabalho. Claro que alguém pode estar trabalhando em uma linha de montagem, onde existe pouca variação no modo de executar suas tarefas, mas a este alguém ainda restam outros tipos de escolha no nível das atitudes, na forma de interagir com os colegas de trabalho, em como utilizar certas qualidades interiores ou forças espirituais para mudar a atitude no trabalho, embora a natureza do trabalho possa ser difícil, não é? Talvez isso ajude.

"Claro que, quando se fala de regras rígidas e de falta de liberdade, não significa exigir que você obedeça cegamente e aceite tudo o que os outros dizem. Nos casos em que o trabalhador é explorado, em que o empregador só pensa no lucro, em que paga um baixo salário e impõe um monte de horas extras, ou em que pede para fazer coisas impróprias ou antiéticas, não se deve simplesmente pensar: *Bem, é o meu carma*, e não tomar nenhuma atitude. Neste caso não basta pensar: *Eu devia apenas estar contente*.

"Se existe injustiça, creio que a inércia é a resposta errada. Os textos budistas mencionam o que se chama de 'tolerância inoportuna' ou 'abstenção inoportuna'. No caso dos tibetanos diante da injustiça chinesa, por exemplo, a paciência ou a abstenção inoportuna refere-se em geral ao sentimento de resignação de alguns indivíduos quando sujeitos a uma atividade muito destrutiva, muito negativa. Estas são a abstenção e a resignação inoportunas. Do mesmo modo, se existe muita injustiça e exploração no ambiente de trabalho, tolerar passivamente é a reação errada. A reação apro-

priada na verdade é resistir ativamente, tentar mudar o ambiente, e não aceitá-lo. Deve-se tomar alguma atitude."
– Que tipo de atitude? – perguntei.
– Mais uma vez, depende da situação, é claro – respondeu o Dalai-Lama sensatamente. – Mas talvez a pessoa possa falar com o chefe, com a gerência, e tentar mudar as coisas.
– E se não funcionar?
– Então deve revoltar-se! Rebelar-se! – ele riu. – Em geral, é isto que eu digo. É preciso resistir ativamente à exploração. E, em alguns casos, pode ser necessário simplesmente demitir-se e procurar outro trabalho.
– Bem, no mundo de hoje a exploração certamente prossegue – concordei. – Mas em muitos casos não é uma questão de exploração grosseira. Pode ser apenas que a natureza do trabalho exija muito. Quando a economia está desaquecida, por exemplo, as empresas são forçadas a cortar e a dispensar empregados. Os empregados que são mantidos têm então de assumir cada vez mais responsabilidades. O trabalho torna-se mais estressante para aqueles que permanecem. O senhor tem alguma sugestão para reagir com maior eficiência a esse tipo de situação, a essa espécie de pressão ou de estresse?
– Claro que a maneira de reagir emocional e psicologicamente vai variar de indivíduo para indivíduo e também vai depender da natureza do trabalho e da natureza da empresa – ele me lembrou. – Existem muitos fatores a serem considerados. Por exemplo, se você encara seu trabalho como algo que realmente vale a pena, se existe, por exemplo, um propósito mais elevado no seu trabalho, é claro que,

mesmo que o serviço seja extenuante, pode haver uma maior disposição para suportar a dificuldade. Diante dessas circunstâncias, você pode pensar: *Aí está uma oportunidade de fazer algo de bom pela sociedade.* Portanto, depende.

– Mas esse tipo de situação ou atitude pode não se aplicar a todos – ressaltei. – Por isso, o que estou imaginando é um tipo de abordagem geral para lidar com a sobrecarga de trabalho, que, na verdade, é uma das fontes mais comuns de insatisfação no trabalho.

– O que é "sobrecarga de trabalho", o que você quer dizer com isso? – perguntou o Dalai-Lama. A curiosidade sincera em sua voz sugeria que ele jamais ouvira falar desse conceito.

– Bem, o senhor sabe como é – eu disse, esforçando-me por encontrar as palavras adequadas –, quando estamos sobrecarregados de trabalho, ele se torna uma fonte de estresse.

– Ainda não entendi o que você quer dizer com o termo "sobrecarga". Por exemplo, seu chefe poderia lhe dar algum trabalho que você provavelmente conseguiria terminar dentro de um certo prazo, mas não seria sobrecarga porque é um prazo que você pode cumprir, mesmo que seja difícil. Ou ele poderia lhe dar uma quantidade de trabalho que fosse impossível de concluir em um determinado prazo, e nesse caso você simplesmente teria que dizer: "Não vou conseguir fazer isso." Então, o que você quer dizer?

Ele não estava compreendendo. Mas não entendi por que ele não compreendia. O conceito de sobrecarga no trabalho não é um costume obscuro americano, nem mesmo é exclusivo da cultura ocidental. Afinal, os japoneses até

TRANSFORMANDO A INSATISFAÇÃO NO TRABALHO

inventaram a palavra *karoshi* – morte por sobrecarga de trabalho. Decidi formular a pergunta nos termos dele.

– Bem, digamos que o senhor é um jovem monge, que está estudando e praticando o budismo. Deste modo, o professor equivaleria a um chefe.

– Certo – ele assentiu. – Compreendo.

– E seu serviço é aprender e memorizar certos textos; portanto, digamos que o chefe lhe dê um texto que o senhor precisa memorizar para a semana seguinte. É um texto muito complicado. Se o senhor se esforçar muito, talvez consiga memorizá-lo para a semana seguinte, mas vai ser muito difícil. Então ele volta algumas horas depois e diz: "Agora vai ser preciso que você memorize mais um texto junto com o outro texto e dentro do mesmo prazo." Ele é o chefe, e o senhor não pode simplesmente dizer: "Peço demissão, vou desistir de ser monge." Nesse contexto, sobrecarga significa que lhe dão cada vez mais coisas para fazer, mas não tempo suficiente para fazê-las.

– Acho que estou entendendo. Por exemplo: quando eu tinha uns vinte anos, no Tibete, tive que transmitir um ensinamento muito importante e, para me preparar, tinha de estudar de manhã cedo e tarde da noite. Tinha de acordar muito cedo, antes de meus assistentes chegarem, e, mesmo depois de eles irem embora, tarde da noite, eu tinha de continuar lendo e memorizando. Então acordava algumas horas mais cedo e ia dormir algumas horas mais tarde, isso seria uma espécie de sobrecarga?"

– Seria.

– Então é algo que, com mais atenção e energia, consigo realizar. E é possível durante um período curto de tempo. Mas, se eu continuasse tendo de dormir menos a longo prazo e tendo esse tipo de sobrecarga por um ano inteiro, aí seria impossível.

– Esse é o tipo de coisa que muita gente enfrenta hoje em dia – informei-o.

– Por que logo de saída essa gente não diz: "Não dá para fazer isso." – ele perguntou. – Elas seriam demitidas?

– Em muitos casos seriam.

– Então, acho que o problema remete ao conhecimento das limitações da pessoa. Se um chefe dá trabalho demais que está além da capacidade da pessoa, acho que ela tem de dizer alguma coisa. Tem de dizer: "Isto é trabalho demais para mim", falar com o chefe e tentar diminuir a carga de trabalho. Se não der certo, talvez então ela precise procurar outro trabalho.

"Entretanto, digamos que o chefe concorde em pagar horas extras e o empregado aceite; então, é uma decisão do empregado, e ele não tem motivo para se queixar da sobrecarga. Mas, se o chefe impuser trabalho demais sem aumento de salário, então a 'sobrecarga' é apenas exploração, o tipo de coisa de que falamos há pouco.

"Acho que, nesse tipo de situação, o empregador tem a responsabilidade de julgar o quanto é sensato esperar que uma pessoa faça. Sobrecarga excessiva é simplesmente falta de consideração, falta de respeito. Sobrecarregar até mesmo um animal é um desrespeito para com aquele ser vivo, é exploração, é injusto" – disse ele em tom decidido.

– Foi bom o senhor ter mencionado o tema da injustiça. Porque de fato essa é outra fonte de insatisfação no local de trabalho. Na verdade, acho que estamos nos refe-

TRANSFORMANDO A INSATISFAÇÃO NO TRABALHO

rindo a algumas das causas mais comuns de insatisfação no trabalho.

"Nos ambientes de trabalho hoje em dia, muitas vezes tudo se concentra apenas na produção, na produtividade: produzir, produzir, produzir. É um fato que talvez já esteja mudando lentamente, pois cada vez mais empresas estão tentando criar um ambiente mais humano, mas, em muitos casos, a empresa não se importa com o bem-estar pessoal dos empregados, ou com o estado de satisfação interior dos trabalhadores: o que importa é o resultado do balanço, um lucro maior, os prêmios de participação altos. Esse tipo de ambiente cria condições para todos os tipos de iniqüidades, de injustiças, de estresse para os empregados, etc. Diante disso, como manter uma sensação de calma e satisfação interior em um ambiente concentrado apenas na produção e no lucro?"

O Dalai-Lama riu:

— Howard, algumas de suas perguntas são bem absurdas! É quase como se você estivesse perguntando: "Como os seres dos reinos infernais podem aprender a praticar a paciência, a tolerância e a tranqüilidade?"

"Nem sempre existem respostas fáceis a isso. Na sociedade moderna, você encontra muitos exemplos de injustiça: líderes corruptos empregando ou promovendo os parentes em vez de se basearem no mérito, por exemplo. Ocorrem muitas coisas assim. É então difícil obter satisfação. Como lidar com essas coisas? É um problema. Como no caso tibetano: somos honestos, não somos contra os chineses, mas os chineses nos fazem acusações falsas e empregam táticas de intimidação no Tibete. Sob tais circunstâncias, legalmente eles estão errados, e nós estamos certos, mas ainda assim sofremos. Fomos derrotados. Sob tais circunstâncias, tentar obter alguma satisfação ou algum tipo de paz de espírito é muito difícil.

"Milhões de pessoas estão sujeitas a várias formas de injustiça, não é? Precisamos lutar contra a injustiça, mas ao mesmo tempo temos de encontrar meios de reagir interiormente, maneiras de treinar nossa mente para que permaneça calma e não desenvolva frustração, ódio ou desespero. É a única solução. O nosso sistema de crença pode ajudar, a crença no carma ou em Deus, mas também podemos usar nossa inteligência humana para analisar a situação e considerá-la sob uma perspectiva diferente. Isso vai ajudar" – disse ele com convicção.

Referindo-me às nossas muitas conversas ao longo dos anos, eu disse:

– No passado, falamos muitas vezes que exercitar a mente é a chave para a felicidade, e que o único jeito de exercitar a mente é usar nossa inteligência humana, usar a razão e a análise humanas para reformular nossas atitudes e nossos pontos de vista. De fato, é um processo que o senhor chamou de "meditação analítica".

– Isso mesmo – concordou o Dalai-Lama.

– Então, gostaria de saber se o senhor pode dar um exemplo específico desse processo. Digamos que estamos tentando uma promoção no trabalho e não conseguimos. Estamos nos sentindo realmente contrariados, sentindo que é injusto, ou com inveja da pessoa que foi promovida. Como lidar com isso?

Ele respondeu, pensativo:

TRANSFORMANDO A INSATISFAÇÃO NO TRABALHO

– Antes de mais nada, devemos analisar deliberadamente se reagir com raiva ou inveja, por exemplo, vai nos beneficiar ou prejudicar a longo prazo. Temos de refletir profundamente se reagir desse modo acarreta um estado mental mais feliz e pacífico, ou se essas emoções servem para nos tornar mais infelizes. E precisamos relacionar a reação com nossas experiências anteriores, pensando no efeito dessas emoções sobre nossa saúde física, bem como sobre nosso estado mental. Pense nas vezes em que você sentiu inveja ou ódio intensos no passado e verifique se isso tornou sua vida mais satisfatória ou se o ajudou a atingir suas metas. Pense em como os outros reagiram quando você manifestou raiva ou ódio intensos e analise se aquilo lhe ajudou a ter relacionamentos melhores. Pense nessas coisas até se convencer inteiramente do quanto é prejudicial para nós mesmos reagirmos às situações com hostilidade ou inveja, e no quanto são benéficas as emoções positivas como a tolerância e o contentamento.

– Tudo bem. Digamos que estou convencido de que isso é destrutivo. E daí?

– Então, você está se candidatando a um novo emprego ou a uma promoção, e tem as qualificações corretas e o mérito, mas não consegue o emprego. Primeiro você pensa: *Eu merecia aquele emprego*, mas, se não o conseguiu, você pode optar por como irá reagir. Você pode ficar ressentido e zangado, mas pode então pensar sobre o quanto esse tipo de estado mental é destrutivo. Só essa convicção já servirá para deixá-lo mais cauteloso quanto a tais emoções e poderá reduzi-las um pouquinho. Portanto, não pense sobre o trabalho que você não tem. Sempre existirão empregos melhores que você não tem. Não continue a se sentir competitivo ou a ter inveja. Isso só traz mais preocupação, mais insatisfação.

"Mas você ainda precisa de uma forma de produzir algum tipo de paz mental. É aqui que precisamos usar nossa capacidade de pensamento crítico, de análise. Primeiro, você percebe que nenhuma situação é totalmente boa, nem totalmente ruim. Às vezes, especialmente no Ocidente, observo uma tendência maniqueísta de pensar. Mas, na realidade, tudo na vida é relativo. Com base nessa realidade, você pode cultivar uma perspectiva mais ampla da situação e tentar ver sob diferentes ângulos. Desse modo, pode ir mais longe na análise e perceber que um trabalho melhor e mais dinheiro não significam que você não teria problemas. Alguns outros empregos podem pagar mais, mas isso tem um preço, talvez mais carga horária ou mais responsabilidade, e talvez riscos ou outros tipos de problemas. De fato, se você observar os que ocupam cargos melhores, pode descobrir que talvez haja mais exigências, mais competição ou inveja por parte dos outros. Pode descobrir, por exemplo, que seu trabalho atual, embora menos bem pago, pode ser mais fácil em alguns aspectos e até menos perigoso em algumas instâncias.

"Desse modo, você continua a refletir sobre a realidade, pensando: *Oh, sim, sou azarado, eu merecia aquele emprego melhor*, mas, como não o conseguiu, em vez de se concentrar apenas na ausência do emprego melhor, você poderia cultivar uma perspectiva mais ampla e observar sob outro ângulo e pensar: *É verdade, neste emprego posso ganhar menos e o trabalho pode ser pior, mas, como ganho*

TRANSFORMANDO A INSATISFAÇÃO NO TRABALHO

o suficiente com ele, uma quantia que basta para minha família e para minha sobrevivência, estou feliz. Está bem. Pensando dessa maneira, podemos desenvolver o contentamento com nosso trabalho mesmo quando as coisas não saem do jeito que queremos."

O Dalai-Lama fez uma pausa e tomou um pouco de chá. – Portanto – continuou –, acho que, por meio de nosso próprio esforço, do cultivo de uma perspectiva mais ampla, é possível se sentir mais satisfeito com o trabalho.

– Claro que ainda existe uma grande insatisfação com relação ao trabalho – refleti. – Gostaria de saber se o senhor tem algo a acrescentar, como outras formas de encarar as coisas para...

– Claro que sim – ele replicou rapidamente. – Outra maneira de desenvolver o contentamento, por exemplo, é simplesmente refletir sobre o quanto temos sorte de termos um emprego, quando tantas pessoas são incapazes de consegui-lo. Você pode pensar: *Existem outras coisas boas na minha vida, e ainda estou em melhor situação em comparação com muita gente.* Esta é sempre a realidade.

"Às vezes a esquecemos. Estamos mal-acostumados. Nos Estados Unidos, por exemplo, existem muitas oportunidades de trabalho. E existe também um alto grau de liberdade, e a iniciativa pessoal pode ser muito importante. Com iniciativa pessoal, é possível progredir. Ainda assim, existe muito descontentamento e insatisfação com o emprego. Em outras partes do mundo, em países como a Índia e a China, por exemplo, existem menos oportunidades de trabalho. Nessas circunstâncias, muitos indivíduos não conseguem emprego. Notei, porém, que, nesses luga-

♦

res, a sensação de satisfação das pessoas com o emprego é muito maior e que elas se envolvem mais. Do mesmo modo, pode-se refletir sobre como as gerações anteriores enfrentaram muito mais dificuldades, atravessaram as guerras mundiais e tudo o mais. Às vezes tendemos a esquecer essas coisas, mas, se pensarmos a respeito delas, isso pode aumentar nossa sensação de gratidão e contentamento."

– O senhor tem toda razão – concordei. – Também visitei muitos países, e vi trabalhadores braçais ou carregadores de mala aqui na Índia, ou trabalhadores rurais migrantes, gente pobre trabalhando em plantações de arroz em toda a Ásia, ou nômades remotos no Tibete, e muitas dessas pessoas pareciam sinceramente felizes e contentes. Quanto a isso não há dúvida. E tenho de admitir que estamos mal-acostumados. Mas meu país, os Estados Unidos, foi construído pela iniciativa pessoal. Não devemos querer progredir, em vez de nos contentarmos simplesmente com as coisas do jeito que estão?

– Devemos, sim, Howard, mas você não deve confundir contentamento com complacência. Não deve confundir satisfação no emprego com não se importar, não querer crescer, não querer aprender, com apenas permanecer onde está, mesmo que esteja ruim, e nem ao menos fazer um esforço para progredir, aprender e conseguir algo melhor. Se temos um emprego medíocre, talvez de mão-de-obra não especializada, mas temos habilidades e qualificações para um trabalho melhor, devemos nos empenhar ao máximo e de todas as formas para conseguir um trabalho melhor, devemos fazer uma tentativa eficiente. Se ela falhar, então, em vez de frustração, de raiva ou de se concentrar no pensamento: *Tentei, mas não fui capaz de conseguir*, deve-se pensar: *Está bem, vou continuar nesse trabalho*. Ficar contente com o trabalho que você tem. Desse modo, é quando você falha que a atitude e a prática do contentamento podem fazer a diferença entre raiva, ressentimento e frustação e uma atitude mais calma e mais feliz. É aqui que entra o treinamento da mente. Esse tipo de coisa, essas linhas de raciocínio podem dispersar nossa frustração e nossa perturbação mental. Contentamento, portanto; acho que o contentamento é a chave.

Enquanto ele falava, eu pensava no quanto era difícil muitas pessoas adotarem essas linhas de raciocínio para dispersar sua raiva, seu ódio e sua inveja. Percebi que é por isso que ele enfatiza com tanta freqüência que não é fácil treinar a mente e reformular as atitudes, que é preciso muito esforço. E que leva tempo. Para esse tipo de "meditação analítica" funcionar, é preciso refletir profunda e repetidamente sobre as formas alternativas de ver a situação. É preciso estar inteiramente convencido da verdade absoluta da nova perspectiva. Caso contrário, existe o risco de se usar essas linhas de raciocínio apenas como uma racionalização insincera. Um problema de "uvas verdes". *Ah, é? Eu nem queria mesmo aquele emprego!* Digamos que nos candidatamos a uma promoção e não a conseguimos. Queríamos muito a promoção – cada célula de nosso ser diz que, mesmo deixando de lado o salário mais alto, quanto mais importante for o nosso emprego, mais felizes seremos.

A ARTE DA FELICIDADE NO TRABALHO

Como nos convencermos então, sem sombra de dúvida, de que um cargo mais importante não vai necessariamente nos fazer mais felizes? Considerando as provas de que não vai. Examinando se ficamos o tempo todo mais felizes desde nossa última promoção, ou observando as pessoas que conhecemos para ver se as que ocupam cargos melhores são sinceramente mais felizes do que as que ocupam cargos piores. Ou podemos observar provas científicas. Nesse caso, por exemplo, Robert Rice, PhD, um prolífico estudioso da área da satisfação no trabalho, dirigiu um grupo que fez um estudo surpreendente na Universidade do Estado de Nova York (SUNY) em Buffalo. Ao contrário do que se poderia imaginar, o grupo descobriu que as pessoas com cargos mais importantes não são mais felizes na vida do as que têm cargos menos importantes. Essa descoberta repetiu-se em diversos estudos semelhantes em larga escala, mostrando que, embora a satisfação com o emprego esteja ligada à satisfação com a vida, o tipo específico de trabalho que se faz, seja braçal ou intelectual, ou o prestígio da ocupação têm pouco impacto na satisfação com a vida em geral.

Existe mais um motivo para que, às vezes, o processo de reformular nossas atitudes e nossos pontos de vista, de mudar nossa forma habitual de perceber o mundo, o modo costumeiro e normal de interpretar ou considerar qualquer situação ou acontecimento, seja longo e difícil. Qual é esse motivo? Quando se chega a esse ponto, muitos de nós resistem em abandonar a desgraça – uma característica exasperante e desconcertante do comportamento humano que observei com freqüência no passado ao tratar pacientes em psicoterapia. Por pior que se sintam, muitos sentem uma espécie de prazer perverso com a indignação hipócrita que experimentam ao serem tratados de forma injusta. Agarramo-nos à nossa dor, usamos nossa dor como uma insígnia, ela torna-se parte de nós e relutamos em abandoná-la. Afinal, pelo menos nossas formas características de considerar o mundo são familiares. Abandonar as reações costumeiras, por mais destrutivas que sejam, pode amedrontar, e muitas vezes o medo subsiste em um nível subconsciente profundamente arraigado. Somado a isso, é claro que existem benefícios secundários quando nos agarramos a nossos rancores, à inveja e à insatisfação, já que nossas queixas constantes servem para conquistar a simpatia e a compreensão dos outros. Ou pelo menos é o que pensamos, pelo menos é o que esperamos. Às vezes funciona – nossos amigos e colegas de trabalho juntam-se a nós com sua própria lista de queixas, e forma-se um vínculo enquanto nos entregamos à nossa festinha de celebrar as iniquidades da vida e os pecados de nossos patrões. Muito frequentemente, entretanto, embora nossas queixas possam ser recebidas por manifestações exteriores de simpatia, é mais provável que sejam recebidas pela irritação interior daqueles que têm seus próprios problemas.

Ao pensar na dificuldade de transformar sinceramente nosso ponto de vista e de reagir a situações instigantes de novas maneiras, comentei:

– Acho que todas essas são sugestões práticas boas, embora seja claro que tais linhas de raciocínio podem não servir de consolo para todo mundo, mesmo sendo verdadeiras.

A ARTE DA FELICIDADE NO TRABALHO

– É verdade – admitiu o Dalai-Lama –, mas a questão principal é que, se existe uma possibilidade de você mudar seu ambiente de trabalho, é claro que tem o direito de tentar. Mas você também precisa compreender a causa fundamental dos vários problemas.

"Isso nos leva mais uma vez à realidade de que tudo está interligado. Se há certos problemas no local de trabalho, ou dispensas, ou quando se tem dificuldade de encontrar um emprego, existem sempre muitos fatores em jogo. Você experimenta a insatisfação. Você sofre. Talvez as condições econômicas mundiais ou até certos problemas ambientais sejam a raiz do problema. Nestes casos, não é nada bom considerar as coisas do ponto de vista pessoal e reclamar da empresa, ou talvez direcionar a raiva contra um chefe específico. A raiva poderia até se transformar em ódio, mas mesmo que o ódio escapasse ao controle e mesmo que por fim você matasse o chefe, não provocaria qualquer efeito sobre a situação, os problemas mais amplos em nada mudariam.

"Esse tipo de coisa ocorre, por exemplo, na comunidade tibetana aqui na Índia. Algumas pessoas estão contrariadas com o governo tibetano no exílio, estão sempre reclamando. Ao se concentrar em certas atividades cotidianas do governo, elas sentem-se insatisfeitas, mas tendem a esquecer que o governo no exílio é exatamente isto: um governo exilado. E, sob esse ângulo, a causa fundamental do problema é a invasão chinesa e a ocupação do Tibete, que nos forçaram ao exílio. Esta é a fonte do problema. Quando enfocamos a questão real, criamos uma sensação de unidade entre nós, o que gera uma sensação de satisfação maior, em vez das divisões e conflitos que surgem quando perdemos de vista os temas mais amplos e começamos a discutir entre nós.

"Portanto, nesse tipo de situação, em vez de só reclamar e reclamar, ou direcionar a raiva contra um chefe específico, seria melhor redirecionar os pensamentos e perceber as causas fundamentais e mais amplas do problema. Pensar sobre o mundo, a economia global. Pensar sobre o meio ambiente. Considerar as várias formas de injustiça social. Talvez você até pudesse contribuir um pouco para melhorar as coisas de alguma forma."

– É claro que, freqüentemente, podemos fazer muito pouco para mudar esses problemas mais amplos – observei.

– É verdade – reconheceu o Dalai-Lama. – Seus esforços podem ter poucos resultados ou nenhum, as coisas podem não mudar muito. Mas pelo menos, em vez de raiva ou frustração inoportunas, você estará transformando sua energia mental, canalizando-a para uma direção mais construtiva. Com base nessa perspectiva mais ampla, sua motivação subjacente pode mudar, e isso vai fortalecer seu entusiasmo pelo trabalho, para fazer mudanças que beneficiarão a sociedade. Claro que leva tempo; entretanto, se você não puder mudar o ambiente de trabalho ou as forças mais amplas que contribuíram para o ambiente de trabalho, talvez então você precise mudar ou ajustar seu ponto de vista. Caso contrário, permanecerá infeliz no trabalho e na vida.

Nosso encontro do dia estava chegando ao fim e, como achei que ele tinha acabado, comecei a recolher minhas anotações, quando de repente ele acrescentou um comentário final sobre a dura realidade da vida. A despeito da constatação não sentimental das dificuldades da vida, havia um certo destemor mesclado a um laivo gentil de compaixão na voz dele.

– Veja bem: sempre existirão problemas na vida. Simplesmente não é possível passar pela vida sem deparar com problemas. Não existe nenhum acontecimento com o qual você consiga satisfação total, não é? Sempre restará alguma insatisfação. Quanto mais capazes formos de aceitar esse fato, mais capazes seremos de enfrentar as decepções da vida.

"Por exemplo, uma pessoa que gosta de comer doces, mas não gosta de coisas ácidas. Existe um certo tipo de fruta que esta pessoa aprecia. A fruta pode ser essencialmente doce, mas pode também ser um pouquinho ácida. A pessoa continua a apreciar a fruta, não deixa de comê-la por causa do leve sabor ácido. Se quiser continuar comendo aquela fruta, tem de aceitar o pouquinho de acidez. Não se pode separar o doce do ácido naquela fruta, eles sempre estarão misturados. A vida é exatamente assim. Enquanto você estiver vivo, a vida terá coisas boas, mas também alguns problemas dos quais você não gosta. Isso é a vida."

A vida portanto é dura. Parecia uma verdade soturna para o encerramento do nosso encontro. E naquele momento, como que perfeitamente ensaiado para sublinhar o comentário sombrio, o estrondo súbito de um trovão e uma chuvarada torrencial ensurdecedora lá fora abafaram nossas palavras quando nos despedimos. No instante seguinte faltou luz, uma ocorrência quase diária naquela época do ano em

Dharamsala. O Dalai-Lama permaneceu completamente tranqüilo. De fato, seu sorriso caloroso e seu jeito alegre contrastavam nitidamente com a sala às escuras e a tempestade de granizo que rugia lá fora. Evidentemente ele era um homem feliz. Tudo nele indicava a possibilidade de se levar uma existência feliz apesar dos inevitáveis problemas da vida. Ele próprio suportara uma cota considerável de problemas, a perda de um país inteiro enquanto ele era forçado ao exílio em conseqüência da invasão e da ocupação do Tibete pela China comunista. E ele continuou a se atracar com problemas difíceis diariamente – lutando para preservar sua herança cultural, pela liberdade de seu povo, pelos direitos humanos de todas as pessoas. Muitas vezes sem sucesso. Contudo, desde os seis anos de idade, empenha-se em treinar sua mente e aprendeu como permanecer feliz apesar das inevitáveis adversidades da vida. Parece que compensou.

O Dalai-Lama nos lembra que, se pudermos mudar alguma condição externa que contribui para nossa insatisfação no local de trabalho, certamente devemos mudar. Se não pudermos, embora nem sempre seja fácil ou rápido, ainda é possível ser feliz no trabalho por meio da reformulação de nossas atitudes e de nossos pontos de vista, por meio do treinamento interior.

Capítulo 2

O FATOR HUMANO

A o introduzir o tópico do trabalho, falei ao Dalai-Lama sobre minha amiga que havia levantado a questão de como praticar a arte da felicidade no trabalho. Na ocasião em que ela levantou a questão, perguntei que tipos específicos de dificuldade ela estava encontrando.

– Não sei – ela respondeu –, simplesmente há muita provocação no trabalho nesse momento. E ela vem de duas frentes: do meu chefe e também de alguns colegas de trabalho. Meu chefe é exigente demais. Espera que a gente fique depois do expediente e trabalhe mesmo sem receber horas extras, e nem ao menos valoriza isso. É grosseiro e desrespeitoso. E também não suporto algumas outras pessoas no trabalho. A coisa está chegando ao ponto de eu quase ter pavor de ir trabalhar todos os dias.

Pedi à minha amiga para me contar os tipos de dificuldade que estava tendo com os colegas de trabalho, e ela iniciou uma história longa e enrolada sobre a política interna da firma. Como não tenho nenhuma experiência na área dela, não consegui avaliar bem o que ela disse, mas, pelo que pude entender, tinha a ver com um colega problemático e dissimulado que se apropriou de uma conta de outra pessoa e provocou uma cisão entre os empregados, que formaram várias facções dentro do departamento, alinhando-se em vários grupos. Aquilo soava para mim como um episódio do programa de TV *Survivor*.

Em virtualmente todos os estudos sobre as condições do local de trabalho e sobre os fatores que contribuem para a satisfação ou para a insatisfação dos empregados, o clima social da empresa tem um papel primordial. Ao rever a literatura existente sobre o bem-estar no trabalho, alguns estudiosos importantes do campo recente da psicologia positiva, como James Harter, Frank Schmidt e Corey Keyes, constataram que a interação social é um elemento de destaque para a satisfação no trabalho. Muitos pesquisadores, incluindo a socióloga Karen Loscocco, da SUNY em Albany, ou Sheila Henderson, pesquisadora da Universidade de Stanford, confirmaram o papel chave do clima social para a satisfação dos empregados. Além de proporcionar maior satisfação no local de trabalho, o "apoio social relacionado ao trabalho" também foi considerado um fator para o bem-estar geral da pessoa.

O FATOR HUMANO

Não causa grande surpresa, portanto, que, cedo ou tarde, tratássemos do tema dos relacionamentos no trabalho – o fator humano – em nossas discussões sobre a felicidade no trabalho.

Ao tornarmos à nossa conversa na tarde seguinte, o Dalai-Lama a iniciou dizendo:

– Há muitos fatores ou variáveis que afetam o grau em que o trabalho contribui para a felicidade, e ele depende das circunstâncias de cada indivíduo, de seu caráter, etc. Contudo, acho que, ao falar sobre o trabalho e a felicidade, deve-se ter em mente alguns aspectos gerais. Acho importante lembrar que, em todas as atividades humanas, seja o trabalho ou qualquer outra atividade, o propósito principal deve ser beneficiar os seres humanos. Ora, o que é que estamos buscando em nosso trabalho, qual é o propósito do trabalho? Como qualquer outra atividade humana, estamos buscando uma sensação de realização, satisfação e felicidade, não é? E, se estamos falando de felicidade humana, então é claro que as emoções humanas entram em jogo. Devemos, portanto, ter um cuidado especial com os relacionamentos humanos no trabalho, prestar atenção em como interagimos uns com os outros e tentar manter os valores humanos essenciais mesmo no trabalho.

– Com "valores humanos essenciais" o senhor quer dizer...

– Só a bondade humana essencial. Ser uma pessoa boa, uma pessoa delicada. Relacionar-se com os outros com cordialidade, afeição, honestidade e sinceridade. Compaixão.

O Dalai-Lama permaneceu calado por alguns momentos, como se refletisse profundamente sobre aqueles princípios. Era notável. Ele passou a vida falando sobre esses valores humanos, repetindo as mesmas idéias o tempo todo; ainda assim, cada vez que falava sobre elas, era com um certo frescor, como se estivesse descobrindo estes conceitos pela primeira vez. Ele parecia sentir grande prazer em falar sobre os valores humanos, mesmo já tendo falado sobre eles milhares de vezes. Então, num tom de interesse e entusiasmo sincero, ele tornou a falar.

– Veja bem, uma coisa que acho crucial ter em mente quando se fala sobre os valores humanos, a compaixão e tudo o mais é que estes não são apenas temas religiosos. A compaixão não é uma coisa sagrada, nem a raiva e o ódio são considerados profanos a partir de uma perspectiva religiosa. São coisas importantes porque nossa própria felicidade depende delas, e não porque alguns textos religiosos dizem isso. Compaixão, afeição humana: são evidentes os benefícios desses estados sobre nossa saúde física, nossa saúde mental e espiritual, sobre todos os nossos relacionamentos, no trabalho ou em casa, e eles são cruciais para o maior benefício da sociedade. Beneficiam a nós mesmos. Quando cultivamos a compaixão, os primeiros beneficiados somos realmente nós mesmos. Afinal de contas, os seres humanos são animais sociais, somos feitos para trabalhar em cooperação com os outros pela nossa sobrevivência. Por mais poderosa que seja uma pessoa sozinha, sem outros companheiros humanos não consegue sobreviver. E, sem amigos, ela com certeza não leva uma vida feliz e satisfatória. Portanto, se você for caloroso e afetuoso no trabalho, sua mente ficará mais calma e pacífica, o que lhe dará uma certa força e também permitirá que suas faculdades mentais, sua capacidade de julgamento e de decisão e tudo o mais funcionem melhor.

Um assistente num manto avermelhado insinuou-se em silêncio na sala e serviu o chá. Sorria. Como eu já havia observado antes, não havia como deixar de notar a atmosfera de respeito e de afeição mútuos entre o Dalai-Lama e seus assistentes.

– Acho que basicamente somos todos seres humanos – continuou o Dalai-Lama. – Todos temos a capacidade de nos relacionarmos uns com os outros com cordialidade, afeição, amizade. Portanto, se estamos discutindo a felicidade e a satisfação no trabalho, como em todas as atividades humanas, o fator humano (o modo como nos relacionamos com os outros à nossa volta, nossos colegas de trabalho, nossos clientes, nosso chefe) é da maior importância. E acho que, se fizermos um esforço especial para cultivar bons relacionamentos com as pessoas no trabalho, se conseguirmos conhecer os outros e levarmos as qualidades humanas boas essenciais para o local de trabalho, isso pode ser muito importante. Então, qualquer trabalho que fizermos pode ser uma fonte de satisfação. Então você se entusiasma em ir trabalhar e é mais feliz no trabalho. Você pensa: *Oh, hoje estou indo para o trabalho para ver meus amigos!*

A exclamação do Dalai-Lama foi tão exuberante que quase consegui imaginá-lo chegando à fábrica, de marmita na mão, cumprimentando os colegas de trabalho daquele jeito. Não pude deixar de sorrir.

"E isso é uma coisa que você mesmo pode fazer para melhorar a experiência no trabalho", prosseguiu o Dalai-Lama. "Muitas vezes, as pessoas esperam que o outro tome primeiro a iniciativa, mas acho que está errado. Por isso há vizinhos de longa data que nunca chegam a se conhecer. Você deve portanto já tomar iniciativa no primeiro dia de trabalho e tentar ser amigável com os outros, apresentar-se, cumprimentar, perguntar há quanto tempo o outro trabalha ali e assim por diante. Claro que nem sempre as pessoas serão receptivas. No meu caso, quando às vezes sorrio para alguém, isso apenas faz com que olhem para mim com maior desconfiança." Ele riu. "As pessoas podem ter seus próprios problemas e frustrações, mas não desista se elas não reagirem de imediato. Tente uma semana, ou um mês. Por fim alguém há de reagir. Às vezes é fácil desistir, como quando me encontro em um hotel ou em um lugar qualquer e sorrio, mas a pessoa me ignora. Se as pessoas persistem nessa atitude, adoto a mesma atitude e as ignoro." Ele deu uma risadinha. "Suponho que seja simplesmente a natureza humana. Mas ela demonstra como uma pessoa pode influenciar a atitude de outra, o que indica que uma única pessoa pode fazer uma grande diferença. Uma pessoa pode mudar a atmosfera do ambiente de trabalho. Você pode ver exemplos, no caso de um grupo de colegas de trabalho muito tensos que não se dão bem, e então aparece um novo empregado, que é cordial e amigável, e depois de um tempo o estado de espírito e a atitude de todo o grupo mudam para melhor. Do mesmo modo, às vezes você vê o oposto acontecer, quando pessoas estão se dando bem no trabalho e são amigas, mas então alguém novo começa a trabalhar lá, um encrenqueiro, e essa pessoa afeta o grupo inteiro e provoca conflitos e problemas. Portanto, cada um de nós pode exercer algum efeito sobre os outros e até

O FATOR HUMANO

mesmo mudar a atmosfera no trabalho. E, nesse aspecto, um trabalhador com menos formação pode ter mais impacto sobre o ambiente de trabalho, pelo menos sobre sua seção, do que o chefe.

"Por exemplo, conheço alguns tibetanos que se mudaram para a Suíça e foram trabalhar em fábricas. Mesmo sem conhecer a língua, conseguiram fazer amizades, apenas por sorrir e fazer seu trabalho de forma honesta, e por mostrar de maneira principalmente não verbal que só estavam tentando ser úteis. Um desses tibetanos comia no refeitório, onde as pessoas normalmente faziam suas refeições sozinhas, ou sentavam-se em pequenos grupos. Um dia, ele decidiu pagar o almoço de um grupo de colegas. Antes, não era comum as pessoas pagarem o almoço das outras a menos que se conhecessem muito bem, mas ele pagou o almoço mesmo sem conhecê-las muito bem. No dia seguinte, outra pessoa pagou o almoço do grupo para retribuir. Outros então começaram a pagar, e em pouco tempo a cada dia uma pessoa diferente pagava o almoço, e, graças a isso, todos tornaram-se amigos mais próximos."

Uma vez ouvi o Dalai-Lama comentar que podemos usar nossa própria vida como uma espécie de laboratório para fazer experiências com os princípios sobre os quais ele fala e para investigar por nós mesmos a veracidade de suas afirmações. Ao pensar nas idéias dele sobre o trabalho e a felicidade durante uma ida recente ao meu supermercado, diverti-me considerando a ida às compras como um experimento controlado, elaborado por algum pesquisador inteligente. As condições controladas do experimento: pegue meia dúzia de balcões de caixas registradoras iguais, estandes idênticos com cópias idênticas do *National Enquirer*, caixas registradoras idênticas e prateleiras idênticas de chiclete e lâminas de barbear. A variável do experimento: acrescente o fator humano – insira um ser humano diferente atrás de cada caixa registradora.

Nesse supermercado há duas funcionárias nas caixas registradoras que trabalham lá há alguns anos. Já estive na fila de cada uma delas inúmeras vezes. Jane é uma mulher na faixa dos trinta e cinco anos. Faz seu trabalho com eficiência e rapidez; contudo, é raro falar algo além de pedir para verificarem o preço. A qualquer hora do dia, ela parece sempre levemente taciturna, quase carrancuda. Dorothy, por outro lado, uma senhora jovial de cinqüenta e tantos anos, não poderia ser mais diferente. Sorridente e prestativa, Dorothy sempre faz alguma brincadeira amigável com os clientes. Faz perguntas sobre a vida deles e lembra o que dizem – lembra até o que eles compraram da última vez. É uma delícia escutá-la. Você consegue esperar parado na fila do caixa dela, enquanto a pessoa à sua frente descarrega 137 produtos, saca uma pilha de cinco centímetros de cupons de desconto e quer pagar com um cheque de terceiros e nem se importa. Bem, pelo menos você se importa menos. Dorothy tem um interesse sincero por comida, bem como pelos clientes, e com freqüência faz rápidos comentários sobre as escolhas alimentares da pessoa, trocando receitas enquanto registra as compras: "Oh, ainda não experimentei essa marca de pizza congelada. É boa?" "Estou vendo que você comprou Twinkies de novo. Deixe eu lhe dar uma dica: compre uma mistura de bolo Betty Crocker, do tipo cremoso, corte em fatias finas, depois cubra com uma camada de chantilly – fica como um Twinkie feito em casa, pelo menos se a sua casa for no paraíso!" (Ela tinha razão!) Ela sempre me impressionou por ser alguém que realmente gosta de seu trabalho.

A diferença entre Dorothy e Jane não apenas ilustra o impacto da atitude sobre a satisfação no trabalho, mas também a forma como uma pessoa pode mudar o ambiente à sua volta. Recentemente, tive que reabastecer minha despensa com muitos gêneros alimentícios e enchi dois carrinhos. O empacotador ofereceu-se para empurrar um dos carrinhos até meu automóvel, e ficamos conversando enquanto eu colocava os pacotes no porta-malas. Sempre observei que Dorothy trata os empacotadores que trabalham com ela com respeito, e que alguns estudantes secundaristas a tratam como a uma mãe. Enquanto púnhamos as sacolas no carro, o empacotador me contou que ele gosta muito mais de seu trabalho nos dias em que Dorothy está ali e acrescentou: "Não sou só eu. Quando Dorothy está trabalhando, o estado de espírito de todo mundo fica melhor, até o do gerente. Não sei bem por quê, mas as coisas simplesmente parecem correr melhor nos dias em que ela está trabalhando."

A importância fundamental do fator humano no trabalho aplica-se a qualquer cenário, a um supermercado ou à bolsa de valores, à sala da diretoria ou à sala das caldeiras. Como exclama o personagem interpretado por Nicholas Cage em *The Family Man*: "Em Main Street ou em Wall Street, todos são apenas gente!" Assim, qualquer que seja nosso local de trabalho, temos de encontrar uma maneira de nos darmos bem com as pessoas à nossa volta.

— Algumas pessoas trabalham em ambientes realmente tensos e podem não se dar bem com os colegas de trabalho. Nessas situações, o senhor tem alguma idéia sobre como melhorar as coisas? – perguntei ao Dalai-Lama.

— Isso depende da pessoa e de sua capacidade e disposição para tentar controlar as próprias emoções, como a raiva, a inveja e tudo o mais. Devemos nos esforçar ao máximo para assumir a responsabilidade por nossas próprias emoções, para praticar a tolerância e para tentar reduzir a inveja, apesar, é claro, de nem sempre ser fácil e de as pessoas terem graus variáveis de sucesso nesse empreendimento.

"Mas, em termos gerais, podemos começar por reconhecer que somos todos interdependentes, todos dependemos uns dos outros para garantir nosso sustento. Podemos começar por aí. Quanto mais profundamente se valoriza esse fato, essa realidade, maior será a nossa disposição para trabalhar cooperando com os outros. Às vezes temos uma espécie de sensação de que somos separados dos outros, independentes, um sentimento de que *ganho meu dinheiro, me sustento, então quem precisa dos outros?* Sobretudo quando somos jovens e saudáveis, tendemos a pensar: *Posso me virar sozinho, não preciso me preocupar com os outros.* Mas qualquer que seja nosso trabalho, existem muitos outros colegas que fazem a sua parte para o funcionamento da empresa da qual depende o nosso sustento. Sem eles, a empresa simplesmente não existiria, e não seríamos capazes de ganhar a vida, sem falar de nossos clientes ou fornecedores, ou dos muitos outros que nos possibilitam ganhar dinheiro."

– A menos, é claro, que trabalhemos sozinhos em nosso porão, como falsificadores, imprimindo o nosso próprio dinheiro – brinquei.

O Dalai-Lama deu uma risadinha educada diante do meu senso de humor medíocre e continuou:

– De fato, no contexto do local de trabalho, que é do que estamos falando, acho que, para nos darmos melhor com os outros, o mais importante é reconhecer nossa interligação, nossa interdependência. Esse é o fator-chave. Ter um entendimento claro dessa realidade. Com base nisso, pelo menos teremos mais disposição para cooperar com os outros, tendo ou não algum sentimento de afeição ou de compaixão especial por eles. Nesse nível, no nível da consolidação do trabalho em equipe, nem se exige compaixão ou empatia. Entretanto, se quiser intensificar e fortalecer o relacionamento, levá-lo a um nível mais profundo e satisfatório, exige-se empatia e compaixão. Dá para entender?

– Dá – assenti.

– Por isso, pensando em outras coisas que podem ajudar a lidar com gente difícil no trabalho, acho que, se você está numa situação em que há colegas hostis ou supervisores exigentes, uma perspectiva mais ampla às vezes pode ajudar: perceber que o comportamento daquela pessoa pode não ter nada a ver com você, que devem existir outros motivos para aquele comportamento e não levar a coisa para o lado pessoal. Na verdade, os acessos de hostilidade talvez tenham mais a ver com problemas bem diferentes, talvez até com problemas em casa. Às vezes temos a tendência de esquecer essas verdades elementares.

"Também devo mencionar que, se estamos falando de cultivar uma compaixão mais profunda pelos outros, esta compaixão deve ser imparcial; em termos ideais, deve ser direcionada igualmente para todo o mundo. Essa é a compaixão genuína, universal. Com freqüência pensamos em compaixão como algo direcionado àqueles que estão piores do que nós, pessoas com menos sorte, pobres ou que estão em alguma situação difícil. Claro que a compaixão é uma reação completamente adequada nesses casos. Mas muitas vezes, se alguém é mais rico do que nós, ou mais famoso, ou desfruta de uma situação boa, sentimos que ele não é um alvo adequado para nossa compaixão. Nossa compaixão estanca, e em vez disso talvez sintamos inveja. Mas, se você considerar com maior profundidade, por mais que alguém seja rico ou famoso, ele ainda é um ser humano igualzinho a você, sujeito às mudanças da vida, à velhice, à doença, à perda, etc. Mesmo que não seja visível na superfície, ele está cedo ou tarde sujeito ao sofrimento. Com base nisso, ele é digno de compaixão, pelo fato de que é um ser humano igual a você. Este dado tem uma relação específica com o local de trabalho, onde as pessoas muitas vezes estão em conflito com os supervisores e chefes, mas é mais provável sentirem inveja, medo ou hostilidade do que pensarem neles meramente como outros seres humanos, tão dignos de compaixão quanto qualquer um.

"Isso me conduz à abordagem final de como lidar com gente difícil no trabalho, com essas situações irritantes. E depende inteiramente do ponto de vista e da orientação básicos, e do interesse pessoal do indivíduo. Porém, a esse respeito, existem algumas pessoas que se interessam pela espiritualidade, pessoas que estão tentando treinar a mente, cultivar valores espirituais como a compaixão, a paciência, a tolerância e o perdão. Estas pessoas podem usar essas situações instigantes como parte de sua prática espiritual e encarar as situações de conflito com os colegas de trabalho como oportunidades para praticar essas maravilhosas qualidades humanas, para fortalecer esses valores espirituais. Acho maravilhoso que alguém consiga usar o local de trabalho também como local de prática espiritual.

"Como costumo mencionar, praticar a paciência e a tolerância não significa que alguém deva permitir passivamente que ele ou os outros sejam prejudicados de algum modo – nesses casos, é preciso tomar atitudes de defesa adequadas. A prática tem a ver com a resposta e a reação internas da pessoa aos conflitos no trabalho, ou às situações que possam provocar emoções como a raiva, o ódio ou a inveja. E essa abordagem é indiscutivelmente possível. Em minha experiência, por exemplo, conheci muitos tibetanos que foram prisioneiros políticos dos chineses por muitos anos, e foram espancados, torturados e submetidos à fome. Não obstante, foram capazes de usar as práticas espirituais nessas condições extremas, e, em alguns casos, até fortaleceram sua prática espiritual porque continuaram a cultivar a compaixão mesmo em relação aos seus torturadores.

"Havia, por exemplo, um monge experiente que foi preso pelos chineses e permaneceu na prisão por muitos anos. Um grupo de seus discípulos estava na mesma prisão. Um dia encontrei um monge que foi aluno daquele monge experiente. Ele me contou que todos eram maltratados e sofriam abusos naquela prisão, mas, para os discípulos, era especialmente difícil ver o mestre deles ser espancado e humilhado. Ficavam com muita raiva. O mestre, porém, aconselhava-os a não se deixarem dominar pelo ódio, pois aquela era de fato uma oportunidade para o desenvolvimento interior. Ele falava sobre a importância de continuarem a cultivar a compaixão, até pelos guardas, que estavam lançando as sementes de seu próprio futuro sofrimento devido às suas maldades."

O Dalai-Lama consultou seu relógio e percebi que era hora de acabar a sessão. Depois de nosso encontro ter terminado, ele de repente começou a rir animadamente.

– De qualquer modo – ele comentou –, hoje dei sugestões sobre como lidar com gente difícil no trabalho. Embora eu fale sobre essas coisas, se eu fosse trabalhar em uma empresa e me visse nessas situações adversas com patrões e colegas de trabalho, não sei até que ponto seria capaz de seguir meus próprios conselhos. Não sei: eu poderia começar a bater os pés, berrar e quebrar coisas, atirar objetos pela janela e quebrar vidros. Eu poderia ser demitido! E, no futuro, se fizermos um livro sobre essas conversas, existe o risco de que um leitor venha até mim e diga algo como: *Estou em uma situação muito difícil no trabalho; portanto, como o senhor fez uma apresentação tão maravilhosa, fique no meu lugar pelo menos por uma semana! Então o senhor vai ter problemas mesmo.* De qualquer modo, obrigado, Howard. Boa noite.

– Boa noite. Durma bem, e vemo-nos amanhã.

Capítulo 3

GANHAR DINHEIRO

No nosso encontro na tarde seguinte, voltamos à nossa discussão sobre as fontes mais comuns de insatisfação no trabalho do ponto em que havíamos parado. Como havíamos discutido no dia anterior, não havia dúvida de que um clima social ruim, cheio de conflito e inveja, pode tornar o trabalho um pesadelo. Contudo, segundo uma pesquisa do Gallup, os americanos em geral tendem a estar mais satisfeitos com os aspectos sociais de seu trabalho do que com as questões de reconhecimento, de sua valorização no trabalho. E o salário, ou a remuneração, é considerado por muita gente como uma medida objetiva do quanto se é valorizado pelo empregador. Mas, na sociedade de hoje, a remuneração muitas vezes significa muito mais do que isso. Não só reflete o quanto a pessoa é valorizada pelo empregador, como a quantidade de dinheiro que ela ganha pode estar intimimamente ligada ao quanto ela mesma se valoriza, à noção do próprio valor.

Como expôs o ex-vice-presidente aposentado de uma importante corretora de valores: – Durante trinta anos fui um grande corretor, um dos melhores. Havia dias em que eu conseguia ganhar milhões de dólares para os meus clientes, dezenas ou centenas de milhares de dólares para mim mesmo. Em um ano eu conseguia triplicar, quadruplicar, quintuplicar o dinheiro dos investidores. Mas o problema, claro, é que havia outros dias em que eu perdia as mesmas quantias. Assim, durante trinta anos, tive altos e baixos; nas fases em que fazia dinheiro, quando "ganhava", sentia-me incrivelmente poderoso. Sentia que era infalível, e todos os clientes que estavam enriquecendo me cobriam de elogios, falavam que eu era um gênio. E eu concordava, é claro, eu merecia cada vírgula dos elogios deles, sentia-me a pessoa mais esperta do planeta. Nessas fases, tornava-me impaciente, crítico e intolerante com os outros. Então vinha a outra fase, a época das vacas magras, quando as pessoas perdiam dinheiro, até quebravam. Nesses períodos, com freqüência eu entrava em depressão, sentia-me envergonhado e às vezes só ficava em casa me embebedando. O que não ajudava em nada, é claro. Sentia-me um fracasso completo, um idiota, e tinha medo até de encarar meus clientes. Cheguei ao ponto de até pensar algumas vezes em suicídio.

GANHAR DINHEIRO

Para a maioria de nós, a relação entre a quantidade de dinheiro que ganhamos e a auto-estima não é tão dramática quanto para esse corretor. Mas o caso dele ilustra um princípio importante. Se escolhemos um parâmetro externo para avaliar nosso sucesso interior, seja a quantidade de dinheiro que ganhamos ou a opinião dos outros a nosso respeito, ou o sucesso de algum projeto em que estejamos envolvidos, estamos fadados a, cedo ou tarde, sermos machucados pelas inevitáveis mudanças da vida. Afinal, o dinheiro vem e vai, sendo, portanto, uma fundação instável sobre a qual construir nossa identidade.

Apesar disso, de acordo com os cientistas sociais, qualquer que seja seu tipo de trabalho, cerca de um terço dos americanos ainda vê a compensação financeira, mais do que a própria natureza do trabalho, como o propósito primordial do trabalho, como o aspecto mais importante de seu emprego. Essas pessoas tornam-se mais propensas ao ressentimento e à insatisfação intensos quando sentem que são compensadas injustamente por seus esforços.

Portanto, em nossa discussão sobre o trabalho e o emprego, não havia como evitar a questão do dinheiro, e eu estava curioso por ouvir as idéias do Dalai-Lama sobre o tema.

– Que tal tratarmos do dinheiro? – comecei. – Claro que, quando falamos em dinheiro, trata-se de um assunto vasto, que pode ser abordado sob muitos ângulos, mas, para os propósitos dessa discussão, já que estamos enfocando o trabalho, gostaria de saber quais suas idéias gerais sobre o dinheiro como motivação primordial para o trabalho de alguém.

– Acredito sim que para muita gente a atitude em relação ao emprego é simplesmente ganhar dinheiro – afirmou o Dalai-Lama. – Não há nada de errado nisso. Uma vez que, para sobreviver na sociedade industrial moderna, todos precisam encontrar um jeito de ganhar a vida, a atitude de ver o trabalho antes de mais nada como uma fonte de sustento é muito realista. Em particular se o indivíduo tem uma família para sustentar com seu trabalho, especialmente filhos pequenos, de fato existe uma dimensão nobre no trabalho. Entretanto, o problema é quando a motivação de ganhar dinheiro torna-se um fim em si mesmo. Quando isso acontece, perdemos de vista o verdadeiro propósito de ganhar dinheiro, que é nos proporcionar os meios para realizarmos alguma coisa. O dinheiro em si é apenas um pedaço de papel. É o valor que nós, como sociedade, concordamos em dar a ele que o torna valioso. O papel em si vale bem pouco. Seu valor real é o custo do papel usado para imprimi-lo. Pode parecer uma tolice, mas acho que às vezes é importante lembrar esse fato elementar.

"O problema de buscar o dinheiro só pelo dinheiro é que isso nos torna vítimas da ganância, de uma ganância insaciável. Então nunca ficamos satisfeitos. Tornamo-nos escravos do dinheiro. Tenho alguns amigos, acho que já lhe falei sobre eles, que correm para lá e para cá, viajam pelo mundo inteiro atrás de mais e mais dinheiro, por isso às vezes brinco com eles chamando-os de escravos do dinheiro. Mas eles nunca param para pensar por que estão fazendo aquilo; só pensam em ganhar mais dinheiro. Ora, se esta busca consegue dar-lhes a felicidade e a sensação de satisfação que querem obter da vida, então suponho que ela é de certa forma justificada. Contudo, não é o que acontece. De fato, o verdadeiro problema é que eles nunca estão contentes com nada. A menos que você se torne uma das poucas pessoas mais ricas do mundo, o que de qualquer modo é extremamente improvável, sempre vai existir alguém que tem mais dinheiro do que você. E, quando você obtém alguma coisa, em seguida vai querer outra. Se você conseguir um milhão, vai querer dez milhões, e quando tiver dez, vai querer cem. Portanto, a menos que aprendamos a dizer: 'Isso basta para mim', nunca conseguimos ficar realmente satisfeitos. É como um jogo em que a trave do gol está sempre sendo deslocada, de modo que você nunca tem a chance de ganhar."

— Pode ser verdade — eu disse —, mas algumas pessoas buscam o dinheiro não pelo dinheiro em si, nem mesmo pelas coisas que ele pode comprar, mas pelo poder que ele dá. A motivação é o poder.

O Dalai-Lama sacudiu a cabeça.

— Acredito que o poder genuíno vem do respeito que as pessoas têm por você. Poder de verdade tem a ver com a capacidade de influenciar os corações e as mentes dos outros. Mahatma Gandhi, por exemplo, tinha poder de verdade, que não se baseava na quantidade de dinheiro que ele tinha. O poder que se baseia na riqueza é artificial, superficial e não dura. Respeitam seu dinheiro, não você; então, se você perde seu dinheiro, o poder e o respeito desaparecem. É como o poder de alguém com uma arma na mão: assim que baixa a arma, a pessoa perde o poder e o respeito.

Insistindo um pouco mais em meu argumento, eu disse:

— Já que estamos falando sobre os vários motivos para ganhar muito dinheiro, acho que uma das motivações das

♦
57

pessoas é a crença subjacente de que, quanto mais ricas forem, mais liberdade terão. Liberdade de viajar para onde quiserem, liberdade de fazer o que quiserem; existe a seguinte noção: *Se eu ficar bilionário, terei liberdade total. Posso ir para onde quiser, fazer o que quiser.*

– A questão da liberdade é ampla – ele me lembrou –, e aqui estamos falando dela em um contexto limitado. Nesse contexto limitado, sim, existe um certo grau de liberdade. Por exemplo, ficar livre de preocupação opressora de conseguir recursos financeiros. Ficar livre da preocupação com a alimentação, o vestuário e a moradia. Nesse sentido existe um elemento de liberdade. Se um indivíduo ou uma família estão realmente lutando, e sua preocupação principal é a sobrevivência no dia-a-dia, existiria aí uma tendência a acreditar que, se as condições financeiras melhorassem, tudo ficaria bem, porque é a coisa com que estão mais preocupados.

"As pessoas precisam de uma certa quantidade de dinheiro. O dinheiro pode ser útil: pode comprar alimentos, medicamentos, proporcionar oportunidades, comprar até um lugar para se morar ou pagar uma viagem de férias. Tudo bem. E, se alguém tem mais do que precisa, esse excedente pode ser usado para ajudar os outros. Isso é muito bom.

"E existe um outro motivo para o dinheiro ser tão importante. Na minha opinião, o fundamento dos valores humanos básicos é um senso de interesse pelos outros. Se alguém é economicamente excluído, desesperadamente pobre, a prática dos valores humanos é difícil para ele. Às vezes é duro ter consideração pelos outros quando você mal consegue sobreviver. Por exemplo, é importante proteger o meio ambiente, mas se alguém tem fome, pode cortar árvores ou trabalhar em minas para conseguir comer. Ele tem de pensar nas necessidades imediatas do estômago antes de pensar nos interesses ambientais.

"Mas aqui estamos falando de nossa orientação básica, de nossa atitude com relação a dinheiro. Estamos falando dos casos em que não se pensa no dinheiro apenas como meio de suprir as necessidades básicas, como a alimentação ou a moradia. Você mencionou pensar no dinheiro como um meio de obter liberdade. Muita gente vai além disso. Existe um tipo de suposição implícita de que dinheiro pode resolver todos os nossos problemas. E até entre tibetanos, entre aqueles aos quais foi revelada a idéia de espiritualidade e *Buddhadharma*, existe às vezes a tendência a achar que, se você for para os Estados Unidos e ganhar muito dinheiro, tudo ficará bem. De fato, existe uma expressão tibetana moderna para dinheiro que é *kunga dhondup*. Significa literalmente 'aquilo que deixa todo mundo feliz e realiza todos os desejos'. Evidentemente, há um perigo nesta suposição. Em certos países, esse tipo de atitude pode ser compreensível a partir de uma perspectiva histórica – particularmente nos países em que as sociedades emergiram de um estado de privação econômica. Nessas sociedades, tudo se concentrou no desenvolvimento econômico. Havia a idéia de que, se o desenvolvimento econômico fosse bem-sucedido, muitos dos problemas da sociedade seriam resolvidos. Mas, mesmo depois da melhoria das condições, essa forma de pensar permaneceu. E acho que isso resultou da negligência do desenvolvimento simultâneo de valores interiores. Ou seria possível dizer que essa forma de pensar é conseqüência ou efeito colateral da incapacidade de reconhecer o valor das potencialidades internas ou de valores interiores, como a compaixão, a tolerância, o afeto humano."

O Dalai-Lama continuou:

– Mas, Howard, como você é dos Estados Unidos, acho que conhece melhor do que eu as atitudes nos Estados Unidos. Entre as pessoas afluentes que você conheceu na sociedade americana, existe a constatação de que todos estão muito contentes, ou eles sentem que ainda falta alguma coisa, que ainda há carência de alguma coisa, que eles precisam de algo além da riqueza? O que a maioria pensa?

– Depois de ficar rica?

– Isso mesmo.

– Bem – respondi –, no meu caso conheci algumas pessoas com centenas de milhões de dólares e pelo menos um bilionário. E minha impressão é de que ser rico não é tão importante para a felicidade cotidiana geral. Contudo, conheço indivíduos que realmente gostam de ter montanhas de dinheiro. Alguns deles, por exemplo, compram arte e realmente obtêm muita satisfação com isso. Mas, de um modo geral, acho que gente rica feliz é exatamente igual a gente pobre feliz: se fazem caridade, se têm bons amigos e um bom relacionamento familiar, são felizes; se não, não são felizes. É muito simples; pelos menos essa é a minha impressão. Mas acho que as provas científicas, os estudos, as pesquisas e os levantamentos conduzidos por cientistas sociais são mais importantes do que minha impressão individual baseada nas poucas pessoas muito ricas que conheci.

GANHAR DINHEIRO

"Nas conversas anteriores que levaram ao nosso primeiro livro, acho que mencionamos brevemente a questão do dinheiro. Naquele livro, citei alguns estudos que apresentavam evidências de que, além de um certo ponto, pelo menos além do nível da pobreza, ou uma vez que nossas necessidades básicas tenham sido supridas, ter mais dinheiro não traz mais felicidade. Isso foi há alguns anos. Desde então, fizeram-se mais estudos sobre o mesmo assunto, e até agora as evidências continuam a se acumular, provando definitiva e conclusivamente que ter muito dinheiro não traz mais felicidade, que essa associação simplesmente não existe. No ano passado, por exemplo, o jornal *The New York Times* publicou que a renda real cresceu mais de 16% nos últimos trinta anos nos Estados Unidos, mas o percentual de americanos que se descreveram como 'muito felizes' caiu de 36% para 29% no mesmo período de tempo."

O Dalai-Lama assentiu pensativamente enquanto eu continuava: – De fato, outro dia mencionei uma pesquisa da Conference Board que mostrou que a satisfação no trabalho vem declinando ao longo dos últimos anos. O mesmo levantamento mostrou que o maior declínio na satisfação ocorre entre aqueles com renda mais alta. Infelizmente, entretanto, esse tipo de descoberta científica, e até a sabedoria popular de que dinheiro não compra felicidade, não parecem afetar realmente a visão da sociedade em geral. Ainda parece existir a noção de que seríamos mais felizes se fôssemos ricos.

"Isso me leva a uma pergunta: como o senhor convenceria alguém que não estivesse interessado em nada além

♦

61

do dinheiro a começar a perceber que o dinheiro não traz felicidade, a apreciar os valores interiores que o senhor diz serem a verdadeira fonte de felicidade?".

– Para os que simplesmente não têm nenhum apreço pela importância dos valores interiores e nenhum preparo para sequer se abrirem a essa idéia, é muito difícil explicar – ele proferiu baixinho, quase como se falasse consigo mesmo.

– Ainda assim, o que o senhor diria para uma pessoa cuja motivação principal no trabalho fosse a busca de mais dinheiro, mesmo que ela tivesse o bastante para viver?

– Primeiro, eu poderia apresentar as provas científicas às quais você está se referindo, mostrando que muita riqueza não resulta automaticamente em felicidade. Claro que cada pessoa deve decidir por si de quanto dinheiro precisa, mas se ela fosse muito afluente e pedisse meu conselho, eu explicaria como as pessoas seriam mais felizes se compartilhassem sua riqueza: teriam mais amigos, melhor reputação, um legado positivo, até se arrependeriam menos quando morressem. Poderiam dizer a si mesmas: *Pelo menos usei meu dinheiro para ajudar os outros.*

O Dalai-Lama pensou um pouco.

– Outra coisa: sugeriria que a pessoa simplesmente parasse e refletisse sobre todo o processo da geração de riqueza. Se ela acredita que dinheiro é sinônimo de felicidade, fica envolvida no ciclo contínuo de geração de riqueza mesmo depois de ter ficado rica. Continua no encalço desse sonho ilusório. Amplia seu envolvimento. Vai atrás de mais. Quanto mais rica fica, mais aparecem problemas aos quais se torna vulnerável. É inevitável. Portanto, a pessoa na verdade não alcançou o tipo de felicidade e liberdade que

GANHAR DINHEIRO

está buscando. Muito pelo contrário: agora é escrava do dinheiro, numa servidão até maior do que de início. E, se essa pessoa não examinou as suposições implícitas sobre o que o dinheiro verdadeiramente proporciona, notei, por mais dinheiro que ganhe, por maior que seja seu salário, que ainda existe uma espécie de preocupação e chateação por não ter dinheiro suficiente. Isso acontece porque, quanto mais dinheiro alguém ganha, mais perdulário e caro se torna seu estilo de vida, e é claro que então as despesas aumentam de acordo com isso.

"Pode haver duas abordagens principais para tentar reduzir tal preocupação. A primeira é ganhar mais dinheiro, mas, conforme mencionei, a eficiência disso é questionável. A segunda é tentar reduzir as despesas, tratar intencionalmente de ter desejos mais modestos. Acho que é melhor, mais sensato. Portanto, seria útil parar por um momento para se perguntar: 'O que estou fazendo? Por que estou fazendo isso?' E a seguir ver se todo esse dinheiro é realmente necessário, se as atividades são realmente benéficas. O simples ato de refletir, o simples ato de parar para pensar, pode provocar um impacto.

"Portanto, creio que o principal é você se perguntar: 'Qual é o meu ponto de vista básico sobre a vida?' Se ele for direcionado para fora, orientado para fora, e sua suposição básica for: *Sim, a felicidade vem de fora*, por meios externos, pela geração de riqueza, você acaba perpetuando esse ciclo. Se seu ponto de vista básico for: *Sim, dinheiro é importante, mas também existem outros fatores igual ou provavelmente mais importantes para a sensação de bem-estar*, acho que você levará uma vida mais feliz."

◆

63

A ARTE DA FELICIDADE NO TRABALHO

– Então, o senhor acha mesmo que este seria um argumento convincente o bastante para fazer uma pessoa mudar de ponto de vista? – perguntei.
– Ora, isso é difícil de dizer – riu o Dalai-Lama. – Nem o Buda foi capaz de mudar a mente de todo mundo.

Era a hora de nosso intervalo da tarde costumeiro, e, enquanto tomávamos chá, um dos assistentes do Dalai-Lama entrou para dar um recado. Enquanto eles conversavam, tive a oportunidade de pensar melhor sobre o que ele havia dito. Como muita gente em nossa sociedade consumista, raramente paro para refletir sobre minhas suposições e minhas crenças implícitas a respeito do dinheiro e da felicidade que ele traz. Não é preciso uma análise profunda para reconhecer a visão do Dalai-Lama como válida. Era fácil para mim lembrar muitos exemplos de como a interminável busca de riqueza servia para adicionar camadas e mais camadas de complexidade na vida de uma pessoa. Entre meus amigos mais ricos, eu percebia com facilidade o aumento exponencial da complexidade da vida deles à medida que ficavam mais ricos.

Um casal me veio à mente de imediato. Ambos eram profissionais muito bem remunerados e vibraram quando seu nível de renda finalmente chegou ao ponto de eles poderem comprar a casa de praia de seus sonhos. Com grande expectativa, aguardavam a hora de tomar aperitivos no deque assistindo ao pôr-do-sol no mar. Entretanto, seu ardor esfriou um pouquinho quando atolaram em negociações maçantes, numa papelada interminável e em formulários de hipoteca. Quando terminaram as transações, veio uma ampla reforma, seguida das inevitáveis brigas com o empreiteiro devido aos custos crescentes e aos atrasos na construção. Depois, mobília e decoração, muito mais dispendiosas do que haviam imaginado. Àquela altura, o entusiasmo deles havia diminuído consideravelmente. Este foi recuperado por um breve período quando enfim tiveram condições de desfrutar do seu refúgio por algumas poucas semanas, mas, depois das primeiras chuvas pesadas, descobriram uma rachadura grave na fundação da casa, que provocou sérios estragos.

Encontrei esses amigos há pouco tempo e perguntei-lhes se estavam gostando da casa na praia.

– É uma casa linda, e realmente gostamos quando conseguimos ir até lá. Infelizmente, não conseguimos desfrutá-la tanto quanto esperávamos. Além disso, os pagamentos da hipoteca, a manutenção e as contas a tornam um sorvedouro de recursos, por isso acabamos passando mais tempo no escritório para pagar aquilo tudo, e parece que não conseguimos encontrar tempo para ir até lá com tanta freqüência quanto gostaríamos.

Nosso intervalo chegou ao fim, e o Dalai-Lama prosseguiu em sua linha de pensamento.

– Em última análise, mesmo no caso de alguém ir em busca de dinheiro só para ter mais dinheiro, ainda existe, em algum lugar nas profundezas de sua mente, a crença de que isso de algum modo vai deixá-lo mais feliz. A motivação máxima ainda é a geração de mais felicidade. Sendo assim, consentir em se tornar escravo do dinheiro e da ganância é autodestrutivo, é pôr a perder o próprio objetivo. Em vez de promover maior felicidade, essa busca traz a aflição, o sofrimento por carências sem fim. Em compensação, aqueles que nunca perdem de vista o propósito do dinheiro e têm a capacidade de se relacionar com ele a partir de uma perspectiva saudável desfrutarão de uma sensação maior de bem-estar com relação à riqueza e ao dinheiro, mesmo que na verdade tenham menos dinheiro. Ironicamente, portanto, podem ser mais pobres em termos de riqueza material concreta, mas na realidade são mais ricos porque são capazes de compreender o verdadeiro valor do dinheiro e estão livres de expectativas irreais sobre o que a riqueza proporciona.

Ainda pensando no estilo de vida opulento de carros de luxo e de residências de férias de alguns conhecidos meus, não pude evitar compará-lo com a vida de simplicidade dos que vivem em Dharamsala, particularmente com a comunidade de monges e monjas budistas. Pensando nisso, perguntei: – Há algum tempo, o senhor mencionou o conceito budista de "meio de vida correto", um conceito sobre o qual gostaria que o senhor falasse mais depois. Mas o que eu gostaria de saber é se existe alguma abordagem ou atitude budista específica com relação ao dinheiro? – perguntei.

– O conceito budista de meio de vida correto não tem qualquer relação com fazer qualquer tipo de julgamento moral sobre um estilo de vida afluente, ou sobre o montante de dinheiro que alguém ganha. Claro que, se o indivíduo é um monge ou monja, existem certas restrições decorrentes dos votos monásticos, que o proíbem de levar

GANHAR DINHEIRO

uma vida de conforto ou vida de luxo. Para ser mais preciso, um monge não deve possuir mais do que duas mudas de roupas, por exemplo. Portanto, existem certas limitações como esta, mas, se o indivíduo não é monge, não existem limitações provenientes dos códigos monásticos, e, se ele tem muita sorte e muitos recursos materiais, do ponto de vista budista isso é considerado fruto de seu carma positivo no passado. O meio de vida correto não tem, portanto, nenhuma conotação imediata de simplicidade *versus* luxo.

"Entre os seguidores do Buda, houve membros da realeza de diversos reinos. Creio que a posição budista sobre o tema da riqueza tem mais a ver com o estado mental do indivíduo que possui a riqueza e que a conquista. Existe uma ênfase em treinar a mente para que você não tenha nenhum sentimento de posse ou avareza, para que você seja capaz de transcender inteiramente qualquer sentimento de posse. Quanto à riqueza em si, existem algumas escrituras onde há a declaração explícita de que, para um *bodhisattva*[3], enquanto houver apego, a posse de uma única moeda é pecaminosa, é antiética. Mas, se o *bodhisattva* está livre de apegos, até mesmo a posse de grandes recursos materiais não é incompatível com o ideal. Isso sugere, portanto, que o estado da mente e os meios pelos quais você gera riqueza realmente parecem ser mais importantes.

"Pensando nos textos budistas, no ponto de vista budista, é provável que todas as boas coisas da existência hu-

---

3. *Bodhisattva* é uma pessoa que cultivou a intenção altruísta de atingir a iluminação para, dessa forma, ser mais capaz de ajudar todos os seres.

mana, como abundância material, etc., provavelmente não são coisas a serem descartadas. Existe também uma discussão a respeito disso em um dos textos de Nagarjuna sobre as quatro atividades humanas legítimas, as duas metas e os respectivos meios de alcançá-las. Uma meta é a satisfação material, e o meio de alcançá-la é a geração de riqueza, o que hoje incluiria o acúmulo dos poderosos dólares americanos. A segunda meta é conquistar a libertação, e o meio para alcançá-la é a prática espiritual. Esta é a visão budista."

A posição do Dalai-Lama era clara. Nossas atitudes com relação ao dinheiro são mais importantes do que a quantia que ganhamos. Como sempre, em nossa busca de felicidade, nossos recursos internos assumem uma importância maior do que nossos recursos materiais, a menos, é claro, que vivamos em um estado de pobreza abjeta e estejamos sofrendo de fome ou de inanição.

Havíamos falado dos "escravos do dinheiro", para os quais a remuneração ou o salário é a consideração primordial no trabalho. Embora esta afirmação seja verdade para muita gente, existem claros indícios de que isso pode estar mudando. Em seu livro *Authentic Happiness* [Felicidade autêntica], Martin Seligman, PhD, uma das principais figuras do estudo da felicidade humana e do campo da psicologia positiva, afirma: "Nossa economia está mudando rapidamente de uma economia de dinheiro para uma economia de satisfação." Ele assegura que a satisfação pessoal está conquistando terreno rapidamente sobre as compensações financeiras como fator determinante para a escolha do trabalho de muitos indivíduos. Ele aponta, por exemplo, que a advocacia é hoje a profissão mais bem paga dos Estados Unidos; para muitos, contudo, só dinheiro não é mais suficiente para levá-los a ingressar na profissão e continuar a praticá-la. De fato, as maiores firmas de advocacia de Nova York gastam hoje mais dinheiro para manter suas equipes do que para recrutá-las, já que muitos advogados estão abandonando a prática do direito por outros tipos de trabalho que podem não pagar tanto, mas os fazem mais felizes.

Testemunhei há pouco um exemplo surpreendente desse tipo de mudança de atitude. No mês passado, eu estava precisando de um assistente particular e coloquei um pequeno anúncio no jornal local. Fiquei chocado quando 165 pessoas responderam a ele nos primeiros dois dias. Muitos candidatos eram altamente qualificados; haviam trabalhado antes em cargos de alta responsabilidade, cargos com uma ótima remuneração, e alguns deles eram pessoas mais velhas com muitos anos de experiência profissional. Não era um cargo que pagava muito bem, e perguntei-me se aquilo poderia ser um reflexo das condições ruins da economia e da falta de empregos. Comecei a perguntar a alguns dos candidatos por que estavam considerando aquele emprego, para o qual, em muitos casos, eram evidentemente qualificados demais. Analisando alguns currículos, tive certeza de que eles poderiam conseguir um emprego que pagasse bem mais. Fiquei surpreso com o que ouvi. Muitos disseram que haviam recusado cargos que pagariam muito mais, e a resposta de vários foi quase exatamente a mesma que a da pessoa que me explicou o seguinte: "Dinheiro já não é a coisa mais importante para mim. Estou mais interessado em um emprego que permita flexibilidade, variedade e tempo para fazer outras coisas. Não quero ficar sentado atrás de uma mesa fazendo a mesma coisa todo dia. Esta colocação vai me dar flexibilidade para investir em minha atividade literária e artística. Além disso, gosto de ajudar as pessoas. Em meu último emprego, trabalhava dia e noite e ganhava muito dinheiro, mas senti que, afinal, meu trabalho garantiria maior lucro para o presidente do conselho executivo que eu sequer conhecia e para muitos acionistas desconhecidos e sem rosto. Quero um emprego como este, trabalhando como o braço direito de alguém, que me permitirá ver a forma como estou ajudando os outros e o rosto deles."

É, as coisas podem estar mudando. Cada vez mais gente parece estar tomando decisões exatamente como uma amiga minha recentemente descreveu com precisão.

"Em 1986, quando me formei no Barnard College, na Universidade de Columbia, a mania por Wall Street e a loucura *yuppie* estavam no auge. Eu havia feito vários estágios em galerias de arte e centros de eventos culturais – estava claro que eu tinha uma afinidade com essa área. Estava me especializando em arte e história, e aqueles eram trabalhos que eu poderia fazer com meu curso, além de dar aula. Eu adorava arte e teatro; portanto, o que poderia ser melhor? No grupo de discussão sobre estágios em Barnard, cada um falava de suas ofertas de trabalho, e ajudávamos uns aos outros a decidir qual aceitar. Falei-lhes sobre as minhas. Uma era um emprego como iniciante e que pagava pouquíssimo em um dos centros mais famosos de eventos artísticos de Nova York. A outra era um emprego de relações públicas em uma firma em Wall Street. O último oferecia uma remuneração três vezes maior do que o outro, com a chance de no mínimo dobrar o salário a cada ano com os bônus. Quando perguntei ao grupo o que deveria fazer, deparei com um coro: 'Aceite o dinheiro!' Mas eu tinha visto o que aquele tipo de emprego havia feito com meu irmão – semanas de cem horas de trabalho, sem férias, sem vida social, dormindo no escritório, andando por aí como um zumbi. Optei pelo emprego de iniciante na área artística, e, embora muitas vezes tivesse de catar moedinhas no sofá para ter dinheiro suficiente para pegar o metrô em um dia frio e tempestuoso – geralmente eu ia a pé para o trabalho –, acabei em uma carreira que adoro, e finalmente tenho dinheiro suficiente para pegar um táxi quando quero. E tenho até tempo para férias."

Capítulo 4

EQUILÍBRIO ENTRE TÉDIO E DESAFIO

—O trabalho está me deixando louco ultimamente – queixou-se um amigo que trabalha como consultor de *marketing*. – Estou acabado! Na verdade, estou pensando em me demitir. Simplesmente não agüento mais.

– Eu sei como é – compadeci-me. – A sobrecarga de trabalho pode ser mesmo estressante.

– Não, não é isso. É exatamente o contrário. Estou entediado até os ossos... a mesma maldita coisa todos os dias. Em geral termino o que tenho de fazer por volta das duas da tarde e passo o resto do tempo tentando parecer ocupado, tentando equilibrar meu lápis pela ponta, fazendo esculturas com clipes de papel ou, em um dia realmente ruim, olhando fixo para os buraquinhos do revestimento do teto e ligando-os.

O tédio e a falta de desafio foram há muito identificados como causas comuns de insatisfação no trabalho. Um grande número de estudos científicos e pesquisas, como os conduzidos por Sheila Henderson na Universidade Stanford, ou Karen Loscocco e seus colegas sociológos da SUNY em Albany, confirmaram que o desafio é um dos fatores primordiais de satisfação no trabalho. De fato, especialistas no campo do ambiente organizacional e de satisfação do trabalhador falam com freqüência do conceito conhecido como "ajuste pessoa-ambiente". Para obter o máximo de satisfação e desempenho, os trabalhadores precisam encontrar um equilíbrio entre dois pólos – desafio demais em uma ponta e desafio insuficiente na outra. Com desafio demais, os trabalhadores experimentam estresse, fadiga e deterioração do desempenho no trabalho. Com desafio de menos, os trabalhadores ficam entediados, o que igualmente inibe a satisfação no emprego e atrapalha o desempenho.

Diante da importância preponderante do desafio e do tédio para a felicidade no trabalho, abordei o problema com o Dalai-Lama, explicando: – Depois de falar com meus amigos e dar uma olhada na literatura sobre a satisfação do trabalhador, parece que o tédio é uma causa bastante comum de insatisfação no trabalho.

Ele assentiu com a cabeça e comentou: – Acho que é bastante comum os seres humanos ficarem entediados quando desenvolvem uma tarefa repetitiva. Em um determinado momento aparece uma certa fadiga, algum tipo de aversão, má vontade ou falta de entusiasmo com relação à atividade.

EQUILÍBRIO ENTRE TÉDIO E DESAFIO

– Isso também acontece com o senhor? – perguntei.

– Acontece – ele riu. – Recentemente, por exemplo, fiz um retiro de duas semanas, um retiro intensivo de Avalokiteshvara[4], com a recitação do mantra de seis sílabas e, como conclusão, ao final do retiro, tive de fazer determinados rituais de iniciação por três dias. São rituais muito longos e complexos; por isso, no terceiro dia, quando o final se aproximava, passei o tempo todo pensando: "Oh, não vou ter de fazer isso amanhã!" Estava ansioso para que terminasse. É algo muito natural nos seres humanos.

– Como o senhor lida com isso?

– No meu caso, minha atitude geral com relação à vida e ao trabalho e minha constituição mental básica talvez exerçam uma grande influência. Toda manhã, por exemplo, reflito profundamente sobre um verso de Shantideva, o magnífico mestre budista indiano do século VII. Começa com: "Enquanto o espaço existir..." Você conhece o verso?

– Conheço – assenti.

Ele continuou a recitar:

> *Enquanto o espaço existir,*
> *Enquanto os seres sencientes existirem,*
> *Possa eu também existir*
> *E dispersar as misérias do mundo.*

---

4. Avalokiteshvara é o Buda da Compaixão, a deidade protetora do Tibete. Os Dalai-Lamas são considerados emanações vivas de Avalokiteshvara. O Dalai-Lama atual é o décimo quarto em uma sucessão que remonta a seiscentos anos. O retiro com freqüência inclui um milhão de recitações do mantra da deidade – nesse caso, *Om Mani Padme Hum*.

"Esse verso foi uma tremenda fonte de inspiração pessoal para mim. Também reflito sobre outros versos semelhantes, como os cânticos a Tara Verde compostos pelo primeiro Dalai-Lama, Gendun Drup, que me inspiraram profundamente e reforçaram minha dedicação ao ideal do altruísmo.

"Recito esses versos, reflito sobre eles e estabeleço a aspiração de dedicar ao máximo meu dia para servir e beneficiar os outros. Então, projeto deliberadamente o pensamento de que serei capaz de passar minha vida inteira cumprindo esse ideal. Pensar sobre a vastidão do tempo, como mencionado na oração de Shantideva, 'enquanto o espaço existir...' tem realmente um tremendo poder sobre mim. A idéia da vastidão do tempo e essa espécie de dedicação de longo alcance são muito importantes.

"De vez em quando, enfrento situações em que pode haver certa relutância de minha parte, pensando: *Oh, tenho que fazer isso; oh, que chatice!* Hoje, por exemplo, tive que comparecer à sessão do parlamento tibetano no exílio e inicialmente houve aquela sensação de: *Oh, tenho de fazer isso, que chatice!*, mas imediatamente me lembrei de que isso também faz parte da minha atividade, também faz parte do meu trabalho em benefício dos outros seres sencientes. No momento em que estabeleço essa conexão, a relutância e o desinteresse desaparecem imediatamente.

"Esse, claro, é o meu modo de lidar com essas situações, mas pode ser que não se aplique a todo o mundo."

Sem dúvida, em um determinado nível, a abordagem do Dalai-Lama para lidar com o tédio poderia não se aplicar

EQUILÍBRIO ENTRE TÉDIO E DESAFIO

a todos – afinal, poucos de nós têm empregos de monges budistas ou de líderes do povo tibetano. Mas parece igualmente claro que o princípio implícito poderia se aplicar a todos nós – entusiasmo recuperado e dedicação reavivada a partir de uma reflexão sobre o propósito mais amplo de nosso trabalho.

Quando eu estava prestes a seguir esse rumo, entretanto, ocorreu-me outro pensamento. A breve referência do Dalai-Lama às suas obrigações políticas me fez lembrar do quanto ele está engajado ativamente no mundo. Pensei em suas muitas responsabilidades, obrigações exigentes e em quão arduamente ele trabalha. Espantei-me ainda mais que ele pudesse afirmar, mesmo de brincadeira, que não tinha nenhuma ocupação: as palavras *Não faço nada* ainda ecoavam em minha mente. Como ele havia mencionado algumas de suas atividades, tive a esperança de que fosse a oportunidade de satisfazer minha curiosidade sobre como o Dalai-Lama vê a sua própria ocupação e de descobrir como ele permanece feliz apesar do fardo pesado de suas responsabilidades.

Ele havia tocado no assunto de como lidava com o tédio. Para muitos de nós, o tédio surge quando estamos envolvidos em algum tipo de tarefa repetitiva e não somos instigados adequadamente. Decidi mudar um pouco o foco e abordar o assunto por um outro ângulo, solicitando as opiniões dele sobre a importância do desafio no trabalho. Com certeza ele enfrentara sua cota de trabalho difícil e instigante. Ele havia me avisado que suas experiências como monge ou líder político poderiam não se aplicar a todos, mas eu sabia que ele também estava envolvido em muitos outros tipos de atividade. – Decidi selecionar uma de suas atividades mais convencionais – o papel de professor – e usá-la como meio de introduzir o assunto do trabalho difícil e instigante.

– Ouvi dizer que o senhor esteve há pouco no sul da Índia, e comenta-se que ministrou alguns ensinamentos muito difíceis e muito complicados por lá.

– É verdade – ele riu. – De fato, tive que fazer muita lição de casa antecipada para me preparar para aquelas palestras. Cerca de nove mil monges acompanharam aqueles ensinamentos, e muitos deles, é claro, são alunos que estudam aqueles textos, por isso esses assuntos estão bem frescos em suas mentes. Para mim eles não estão mais tão frescos.

– Então, parece que o senhor teve que se preparar bastante e que foi um trabalho muito difícil.

– Foi. A partir do momento em que concordei em ministrar os ensinamentos, há quase um ano, comecei a me sentir um pouco ansioso. Por isso, nas duas semanas que antecederam as aulas, li atentamente e fiz anotações durante três horas todas as manhãs. Os ensinamentos ocupariam cinco horas por dia durante cinco dias. No primeiro dia, quando comecei a ministrar os ensinamentos, ainda me senti um pouco ansioso, mas depois de começar a primeira sessão me senti um pouco mais à vontade. Pensei: *Agora está bom*. No segundo dia, no terceiro dia, no quarto dia, a cada dia as coisas foram ficando um pouco melhores.

– Fiquei curioso: esse trabalho gerou uma sensação de satisfação para o senhor? – perguntei.

– Gerou. De fato, no último dia senti uma tremenda satisfação, um tremendo alívio. Tinha terminado! Claro que, nesse caso, a sensação de satisfação devia-se, pelo menos em parte, simplesmente ao alívio da ansiedade. Mas, de um modo geral, parece que, quanto mais difícil o trabalho, maior a sensação de satisfação. Na minha opinião, quando você enfrenta esse tipo de trabalho difícil em um determinado momento, é certeza de que depois desfrutará de uma espécie de satisfação especial – vai haver felicidade. Portanto, o trabalho difícil é a semente da felicidade, seu fundamento.

– O senhor está dizendo que fez muitos trabalhos difíceis, que eles contribuíram para uma sensação de satisfação. Então, fico pensando: na sua opinião, o trabalho tem de desafiar para ser satisfatório? É um requisito indispensável para a satisfação no trabalho?

– Provavelmente é melhor não ter desafio – ele replicou.

– Como? – Não tinha certeza de ter ouvido direito. Ele havia reconhecido há pouco a satisfação que se obtém quando se conclui um trabalho instigante. – Mas o senhor disse...

– Os desafios estão sempre aí, a vida sempre apresenta desafios – explicou. – Eles estão sempre presentes na vida, estamos fadados a deparar com eles. Não precisamos de mais nenhum problema. O que precisamos é transformar os desafios que temos em uma oportunidade...

– Oportunidade de quê?

– Oportunidade de criar mais felicidade – ele respondeu. – Portanto, quando você depara com esses desafios, deve dar-lhes boas-vindas, acolhê-los com boa vontade e considerá-los como uma forma de se desenvolver, de prosperar, de alcançar por fim uma sensação de maior bem-estar e de felicidade. O desafio pode ter esse propósito positivo, esse benefício.

"Acho que, para o progresso acontecer, para haver mais evolução, tanto no trabalho mental quanto no físico, o desafio é muito necessário. No budismo, por exemplo, o debate acadêmico é uma ferramenta muito importante de progresso. Temos de passar muitas horas no processo de apresentar nosso parecer, de ver nossas opiniões serem desafiadas, de orientar esses desafios e responder a eles. Quando nos opomos, surge um maior entendimento de nosso próprio parecer. Se você só pensa no seu ponto de vista e não tem disposição de se abrir a pontos de vista opostos, não há lugar para o crescimento ou para o desenvolvimento. Dar boas-vindas ao desafio ajuda tremendamente a aguçar sua mente. Sem ele, a mente fica apática, não é?"

Balancei a cabeça concordando. Nesse ponto o Oriente e o Ocidente concordam: ambos reconhecem a importância do desafio. De fato, já em 1776, Adam Smith, economista político, filósofo e figura de destaque no desenvolvimento do capitalismo ocidental, difundia os sentimentos do Dalai-Lama. No muitíssimo influente *A riqueza das nações*, ele escreveu que uma pessoa que passa a vida empenhada nas mesmas tarefas repetitivas tende a perder "o hábito de agir com vigor" e "em geral torna-se tão estúpida e ignorante quanto é possível uma criatura humana tornar-se".

Bem, talvez o senhor Smith tenha sido um pouquinho mais radical do que o Dalai-Lama nessa questão. Mas o Dalai-Lama deixou clara sua posição sobre a questão do desafio:

EQUILÍBRIO ENTRE TÉDIO E DESAFIO

– Tanto em termos de atividade mental como em termos de atividade física, o desafio pode estimular ou promover o desenvolvimento e a criatividade. Em circunstâncias instigantes, você utiliza inteiramente sua natureza criativa, ao passo que, quando você só enfrenta uma situação rotineira, onde não há nenhum desafio, existe o perigo de estagnação, e aí não há maior desenvolvimento. – Ele riu e disse: – Claro que, se sua vida está sendo desafiada, ameaçada, é sempre melhor fugir. É melhor evitar estes tipos de desafio do que acolhê-los. Se você está sendo perseguido por um cachorro louco, por exemplo, não vai render muita alegria e satisfação tentar acolher o cachorro ou este desafio; é melhor fugir. E é claro que um mosquito ou um percevejo exigem medidas de defesa implacáveis, é o único jeito! – O riso travesso dissipou-se quando ele acrescentou: – Devo mencionar, é claro, que, ao falar dos benefícios do desafio no trabalho, subentende-se que existe a possibilidade de superar o desafio, que o trabalho ou a tarefa não é tão difícil a ponto de ser impossível de superá-los.

– Bem – prosseguiu –, digamos que o senhor tenha um emprego em que não existem desafios, algum tipo de emprego muito entediante ao qual o senhor apenas compareça todos os dias, mas que não exige suas habilidades, seu talento, sua inteligência. Nele não existe desafio. As pesquisas científicas mostram claramente que os seres humanos tendem a ficar mais insatisfeitos com esse trabalho, sem o elemento do desafio. Assim, se alguém se defronta com um trabalho que não o desafia, o senhor poderia pensar nos meios de lidar com isso? O senhor acha que é uma boa ou uma má idéia criar desafios para torná-lo mais satisfatório?

◆

81

A ARTE DA FELICIDADE NO TRABALHO

– Não sei. – Ele riu. – Se uma pessoa tem algum tipo de emprego em uma linha de montagem, a mesma coisa todo dia, tarefas fixas com poucos desafios, muito entediantes e rotineiras... Não sei como criar desafios nesse emprego a menos que se quebre alguma coisa ou se sabotem as máquinas!

"Mas, de qualquer modo, Howard, acho que você precisa reconhecer que os seres humanos têm índoles e temperamentos muito diferentes. Algumas pessoas, em particular as mais inteligentes, tendem a gostar de desafios intelectuais e de resolver problemas, mas talvez não gostem de trabalhos que exijam força física. Outras podem preferir trabalhos com menos desafios. Conheci um tibetano, por exemplo, um ex-monge, que gosta de fazer trabalhos que não apresentem desafio, gosta da labuta física rotineira, de tarefas repetitivas que não exigem pensar muito. Assim, durante o trabalho, ele gosta de pensar no *Dharma*[5].

---

5. O termo *Dharma* tem muitas conotações, mas nenhum equivalente preciso em português ou inglês. É usado mais freqüentemente para referir-se aos ensinamentos e à doutrina do Buda, incluindo tanto a tradição das escrituras quanto o modo de vida e as realizações espirituais que resultam da aplicação dos ensinamentos. Às vezes os budistas usam a palavra em um sentido mais geral – significando práticas religiosas ou espirituais em geral, a lei espiritual universal, ou a verdadeira natureza dos fenômenos – e usam o termo *Buddhadharma* para se referir mais especificamente aos princípios e às práticas do caminho budista. A raiz etimológica da palavra *Dharma* em sânscrito significa "segurar" e, nesse contexto, a palavra tem um sentido mais amplo: qualquer comportamento ou compreensão que sirva para "conter", ou que proteja alguém da experiência do sofrimento e de suas causas.

EQUILÍBRIO ENTRE TÉDIO E DESAFIO

É um trabalho que deixa a mente livre para pensar em outras coisas.

"Agora, ao dizer que esse monge prefere trabalhos que não apresentam desafio, acho importante ter em mente que os desafios vêm de todas as áreas de nossa vida. Para alguém que pratique espiritualidade ou busca cultivar a compaixão universal, por exemplo, responder aos inimigos com empatia e compaixão pode ser considerado um desafio. Agir com bondade e até mesmo mostrar afeição pelos inimigos é um grande desafio! Mas, se alguém consegue agir assim e por fim vê algum resultado positivo, há então uma tremenda sensação de satisfação e alegria. Por isso, para os que buscam a prática da compaixão, é um desafio agir ao sofrimento dos pobres, fracos, desprotegidos e desamparados. Desafio não significa necessariamente uma coisa que obstrui ou que é negativa. E a tarefa não é um desafio para uma pessoa que pouco se importa com a questão. O sofrimento dos pobres, por exemplo, talvez não seja um desafio para alguém que simplesmente não lhe dá importância. Entretanto, com certeza é um desafio para alguém que pratica a compaixão. Portanto, acho que sempre vão existir diferenças individuais no que alguém pode ou não considerar um desafio, bem como no nível de desafio que ele prefere.

"Então", ele concluiu, "quando se fala de trabalho, acho importante ter em mente que sempre haverá tantos tipos diferentes de pessoas que não creio que se possa dizer categoricamente que o trabalho instigante é melhor ou que o trabalho não instigante é melhor. Não sei. Depende apenas da pessoa." Ele fez uma pausa e começou a rir: "Pes-

A ARTE DA FELICIDADE NO TRABALHO

soalmente, acho que sem desafio é melhor porque sem desafio você pode parar e descansar. Tirar uma soneca."

– Falando a sério: o senhor acha realmente que, se não existe absolutamente nenhum desafio no trabalho, ainda assim pode-se obter uma sensação de realização e satisfação? – perguntei.

– Não acho que o desafio seja um requisito indispensável para a satisfação e a realização. Para expressar naturalmente cordialidade e afeição, para relacionar-se com outras pessoas dessa forma, não é preciso fazer esforço, por exemplo. Não há muito desafio nisso, mas você tira bastante satisfação dessa situação.

– É verdade – admiti.

Resumindo as descobertas mais recentes dos cientistas sociais, Edwin Locke, decano professor emérito de Liderança e Motivação da Universidade de Maryland, College Park, disse: "As pesquisas mostram com consistência que o desafio mental – presumindo-se que a pessoa esteja disposta a responder ao desafio – é um determinante crucial da satisfação no trabalho." Apesar da relação bem definida entre desafio e satisfação no trabalho, o professor Locke sugere que a disposição para responder ao desafio também é um fator importante. É aqui que a diferença entre os indivíduos entra em jogo – como o Dalai-Lama ressaltou corretamente, pode haver diferenças individuais no grau de desafio que se exige ou se está disposto a enfrentar. Alguns podem se superar em um trabalho com grandes desafios, enquanto outros podem estar menos dispostos a assumir trabalhos instigantes. Desse modo, ao buscarmos otimizar nossa felicidade no trabalho, cabe a cada um decidir qual

EQUILÍBRIO ENTRE TÉDIO E DESAFIO

nível de desafio proporciona maior grau de crescimento e satisfação.

Como o Dalai-Lama destaca, relacionar-se com os outros com amor e afeição é uma grande fonte de satisfação que aparentemente não exige esforço. De fato, a vida oferece muitos desses momentos de satisfação, momentos que podem surgir espontaneamente, sem esforço. Essa sensação de profunda realização pode ocorrer quando estamos envolvidos em muitas atividades humanas diferentes, em praticamente qualquer circunstância – e é claro que nossa vida profissional não é completamente desprovida dessas experiências.

Há muitos anos, um de meus professores de química contou-me uma experiência sua quando trabalhava em seu laboratório. "Eu estava no meio de uma experiência difícil mas interessante que fazia parte de minha pesquisa. Após um intervalo para tomar um café por volta das dez e meia da manhã, larguei minha caneca e retornei ao trabalho. Depois do que me pareceram cinco ou dez minutos, alguns alunos meus de pós-gradução entraram no laboratório e começaram a me fazer umas perguntas. Eu estava bem no meio de umas anotações, por isso relutei em parar e fiquei um pouco aborrecido por eles estarem me chateando justamente no momento em que eu estava começando, pois esperava me encontrar com eles horas mais tarde, às três e meia. De qualquer modo, abandonei o que estava fazendo e consultei o relógio. Eram quase quatro horas. Eu estivera trabalhando por mais de cinco horas; contudo, era como

A ARTE DA FELICIDADE NO TRABALHO

se o tempo não tivesse passado, e eu não tinha feito esforço algum. Eu não apenas não estava cansado, como estava cheio de energia. Não me lembrava de nada do que havia feito naquele período; contudo, quando revi minhas anotações, eu havia progredido muito no que era um problema muito difícil. Eu estivera completamente absorto no que estava fazendo. Não conseguia acreditar. Naquela tarde, tive uma enorme sensação de realização, e aquele tipo de energia pareceu durar alguns dias."

Embora isso tenha acontecido muito anos antes de eu ouvir o termo pela primeira vez, o professor havia descrito perfeitamente o estado de "fluxo" (*flow*) durante o trabalho. O conceito de fluxo foi apresentado pela primeira vez pelo psicólogo e cientista social Mihaly Csikszentmihalyi (pronuncia-se chick-SENT-me-hi), e, nas três últimas décadas o doutor Csikszentmihalyi investigou e aprimorou o conceito. O termo "fluxo" descreve um estado mental que a maioria de nós já experimentou alguma vez. Estar no fluxo significa estar totalmente absorto em qualquer coisa que se esteja fazendo no momento. O fluxo ocorre quando se está inteiramente presente e completamente concentrado na tarefa que se está fazendo. Pode-se entrar no fluxo quando se joga basquete, quando se esculpe, quando se resolve um problema difícil de matemática, quando se trata de negócios, quando se escala uma montanha ou simplesmente em uma conversa profunda com um amigo ou alguém amado. Em sua essência, o fluxo pode ocorrer em qualquer atividade humana, no trabalho ou no lazer, em uma atividade física, mental ou social.

Embora o fluxo possa ocorrer em várias circunstâncias, os pesquisadores descobriram que as características específicas desse estado são bastante uniformes e estáveis: as mesmas características estão presentes em qualquer atividade ou cenário. Existe um conjunto específico de condições necessárias para a criação desse estado. O fluxo surge quando estamos envolvidos em uma atividade que consideramos importante, significativa para nós e que vale a pena fazer. É mais provável que o fluxo ocorra quando existem metas bem definidas para a atividade e quando recebemos algum tipo de retorno imediato do nosso progresso à medida que a atividade se desenvolve. A tarefa deve conter desafios e exigir habilidades, mas deve haver um equilíbrio adequado entre o desafio e nossas capacidades – pessoas em estado de fluxo sentem que suas habilidades se envolvem por inteiro na tarefa que estão fazendo. E, embora o projeto possa conter desafios e exigir habilidades, naquele momento parece muito fácil. Durante o estado de fluxo, encontramo-nos empenhados na atividade apenas por ela mesma, não por qualquer compensação externa que possamos receber. A tarefa é intrinsecamente compensadora, em si e por si.

– Sabe, um dos motivos pelos quais eu trouxe à tona o tópico do desafio no trabalho – eu disse ao Dalai-Lama – é porque ele tem relação com um conceito que aparece freqüentemente hoje em dia na literatura de psicologia: o conceito de "fluxo". O desafio é um dos fatores exigidos para se criar o estado de fluxo. O conceito é cada vez mais mencionado em artigos sobre a felicidade humana, e esse estado pode ocorrer normalmente no trabalho. O senhor está familiarizado com o conceito de fluxo?

– Não – respondeu o Dalai-Lama. – Você pode me explicar o que quer dizer esse termo?

– Bem, resumidamente, esse conceito implica um estado mental específico que ocorre quando nossa atenção fica completamente concentrada em uma determinada tarefa ou em um projeto que estamos desenvolvendo naquele momento. É um estado de concentração intensa e de envolvimento profundo na atividade. Durante o fluxo, perde-se a noção do tempo, é como se o tempo parasse e a pessoa ficasse inteiramente no momento presente, sem pensar no passado ou no futuro. A pessoa fica tão imersa na atividade que até perde a noção do eu ou da identidade, a noção do eu desaparece, não há nenhum pensamento sobre o eu, como *Estou fazendo isso*, ou *Estou sentindo aquilo*.

"De qualquer modo, durante o envolvimento na atividade, há também uma sensação de ausência de esforço, uma noção de controle total sobre o que se está fazendo. Por exemplo, um jogador de tênis profissional. Ele treina por muitos anos para desenvolver suas habilidades e então joga uma partida contra um adversário difícil. Ele chega a um estado em que toda sua habilidade, toda sua aptidão e todo seu conhecimento enfrentam o desafio do adversário e criam uma espécie de equilíbrio. Os movimentos físicos e o alto grau de concentração ajudam a criar o estado de fluxo.

"Embora o estado de fluxo possa ocorrer em qualquer atividade, alguns pesquisadores constataram que os americanos experimentam mais o estado de fluxo no trabalho do que nos momentos de lazer. Alguns desses pesquisadores acham que as pessoas experimentam mais o estado de fluxo no trabalho porque é onde há maior probabilidade de depararem com desafios ou oportunidades para resol-

EQUILÍBRIO ENTRE TÉDIO E DESAFIO

ver problemas, de precisarem exercitar as habilidades, e é um ambiente que encoraja as pessoas a se concentrarem na tarefa que têm diante de si.

"Por exemplo, o senhor está dando uma palestra para uma grande platéia, e o tópico é muito complexo. O assunto é muito difícil e cheio de desafios, mas o senhor se preparou, estudou, desenvolveu certas habilidades, certas capacidades e o conhecimento do tema. Essas condições poderiam dar origem ao estado de fluxo, no qual o senhor ficaria tão absorto no assunto que nem pensaria em como está indo a palestra, ou sequer pensaria *Sou o Dalai-Lama*. O senhor perderia qualquer noção de tempo e de identidade própria."

O Dalai-Lama escutou atentamente.

– O tipo de concentração mental a que você está se referindo, em que existe uma fusão total com nossa atividade imediata, soa para mim como uma qualidade da mente a que a psicologia budista se refere como "estabilidade meditativa". Acredito que todos nós podemos desenvolver a capacidade de concentrar nossa atenção em qualquer objeto ou atividade por um período prolongado de tempo. Uma das características da mente concentrada é ser totalmente absorvida pela atividade escolhida. Em alguns casos, até distúrbios do ambiente circundante não conseguem minar a profundidade da concentração. Conheci indivíduos que atingiram esses estados mentais. Gen Nyima-la, por exemplo, um de meus primeiros professores, tinha uma espantosa capacidade de concentração. Quando ele entrava em contemplação profunda, muitas vezes eu conseguia ver as expressões do seu rosto passando por transformações visíveis. Quando estava nesse estado, quase se alienava do ambiente físico imediato. Se um aluno vinha lhe servir uma xícara de chá ou algo assim, por exemplo, ele simplesmente não percebia. Havia uma espécie de fusão total de sua mente com sua contemplação. Para mim, portanto, este é provavelmente o estado de "fluxo" que você está descrevendo.

Interrompi: – É, parece semelhante. Portanto, quando alguém está envolvido no trabalho e em estado de fluxo, chega a um ponto em que é totalmente absorvido pelo trabalho unicamente pelo trabalho em si. Fica tão concentrado que não faz o trabalho pelo dinheiro, pela fama, pela ascensão na carreira, nem mesmo pelo benefício da sociedade. Simplesmente está tão envolvido e concentrado no trabalho que o trabalho em si se torna uma fonte de satisfação. Por isso, minha pergunta é: o senhor tem alguma idéia sobre como criar esse estado no trabalho?

– Primeiro, se você está buscando satisfação no trabalho, acho que, quando uma pessoa está nesse estado em que a mente está voltada para uma única direção, não é possível obter satisfação naquele momento, porque a satisfação é um tipo de estado mental diferente do estado de total absorção que você está descrevendo.

– O senhor levantou um aspecto realmente muito importante – comentei com grande interesse. – De fato, a pesquisa constatou a mesma coisa, observando que, quando alguém está em estado de fluxo, você não o vê sorrindo e pensando no quanto está feliz ou no quanto está se divertindo. A sensação de satisfação vem depois. Então o senhor está certo. Ainda assim, minha pergunta é: existem meios para se criar o estado de fluxo em qualquer trabalho?

EQUILÍBRIO ENTRE TÉDIO E DESAFIO

O Dalai-Lama ficou em silêncio por alguns momentos, e disse a seguir: – O valor de uma mente concentrada é reconhecido em muitas tradições espirituais antigas. De fato, em algumas tradições, como o budismo, encontramos métodos práticos para desenvolver e aprimorar uma mente estável. Portanto, acho que dedicar-se a algum tipo de meditação estabilizadora provavelmente deve ajudar[6]. Porque na meditação estabilizadora você escolhe um objeto e tenta concentrar-se mentalmente nele. Talvez isso possa ao menos ajudar a concentrar a mente e a familiarizar a pessoa com esse tipo de estado mental concentrado.

O Dalai-Lama continuou:
– Claro que existem outros fatores que poderiam contribuir para se atingir tal estado. Você mencionou, por exemplo, que o estado de fluxo surge quando se está envolvido em algum trabalho instigante ou se está resolvendo algum problema, e as habilidades e as capacidades da pessoa estão sendo usadas para enfrentar esse desafio. Então depende das habilidades e do conhecimento que se tem a respeito da tarefa que se está fazendo. Isso sugere que se pode reforçar esse estado reforçando a familiaridade com o trabalho ou o assunto em questão. Pode ser uma questão de estudo e familiarização constantes, de se habituar com um modo específico de pensar ou de fazer alguma tarefa.

"E pode haver um outro fator – acho que seria mais provável uma pessoa chegar ao estado de fluxo se, para começar, ela tivesse um alto nível de interesse pelo assunto

---

6. Consulte o Apêndice, p. 235, para ver as instruções do Dalai-Lama sobre a meditação estabilizadora básica.

ou pelo tipo de trabalho. Gen Nyima-la, por exemplo, tinha grande interesse pelos assuntos nos quais se concentrava, além de grande familiaridade com eles.

"Mas também acho que o estado que você está descrevendo, o tipo de estado em que se perde a noção de tempo e até de identidade, pode surgir em diferentes contextos ou sob várias condições. Não acho que esteja necessariamente associado a estados mentais felizes ou positivos. Acho que pode estar associado tanto com estados de felicidade quanto com estados de infelicidade. Às vezes, quando se é totalmente subjugado pelo medo e se fica paralisado por essa experiência, por exemplo, é possível perder a noção de tempo. Quando estou ministrando uma série de ensinamentos sobre um texto, e estou gostando da experiência do ensinamento, tenho a tendência a perder totalmente a noção de tempo. Por outro lado, se chego a pontos extremamente difíceis e estou me esforçando para fazer meu comentário, ocorre a experiência oposta: sinto como se o tempo estivesse se arrastando em um ritmo muito lento.

Portanto, o fenômeno da perda ou da distorção da noção de tempo pode ocorrer quando a mente está em um estado totalmente relaxado e prazeroso, quando se está inteiramente concentrado e profundamente mergulhado em uma análise discursiva, mas também quando a mente é subjugada por emoções mais negativas, como o medo. Quando essa experiência ocorre, um dos sinais óbvios é o total alheamento aos acontecimentos no ambiente físico circundante."

Ele continuou:

– Pode haver ocasiões em que você está tão apavorado, com tanto medo, por exemplo, que naquele momento

EQUILÍBRIO ENTRE TÉDIO E DESAFIO

você também permanece totalmente absorto e sem qualquer sensibilidade. Nesse caso, você pode estar num estado em que perde a noção de identidade, de tempo, de lugar e de tudo o mais, pode estar totalmente no presente, mas não é algo voluntário. Não se deve ao envolvimento em algum problema ou trabalho interessante. Deve-se ao medo, ao medo imenso, quase como se você estivesse em choque.

"Estou pensando – quando fugi de casa, quando da invasão da China comunista, fiquei tão apavorado que talvez tenha experimentado o estado de 'fluxo' por um instante", ele riu. "Minha mente ficou vazia, em um estado de ausência de pensamento." O riso incontido aumentou enquanto ele recordava: "Também me lembro de que, quando tinha sete anos de idade, estava em uma enorme assembléia recitando uma oração que havia memorizado, acho que havia vários milhares de monges ali. Então ali estavam milhares de monges e também altos funcionários do governo diante de mim. Eu estava completamente... não sei se esta é a palavra correta: confuso. Estava em um estado de ausência absoluta de pensamento. Havia memorizado tudo muito bem, havia passado os meses anteriores recitando a oração todos os dias. Então, quando a comecei, ela saiu fluentemente e muito automaticamente por causa dos exercícios. Mas minha mente estava totalmente vazia. Depois de dois ou três minutos houve um intervalo, e então notei alguns pombos andando para lá e para cá, e à minha frente, vi o *umze*, o mestre dos cânticos. E então o pavor me atingiu. Quando me lembro daquilo, acho que o medo que experimentei na ocasião pode até ter encurtado minha vida."

◆

93

A ARTE DA FELICIDADE NO TRABALHO

— Bem — respondi —, não creio que o estado de vazio quando se está em uma situação de extrema ansiedade e o estado de fluxo sejam a mesma coisa. Tenho de admitir que de modo algum sou um especialista no estudo do fluxo, mas suponho que, se fizessem uma tomografia ou um eletroencefalograma, por exemplo, e avaliassem as áreas em atividade do cérebro durante sua recitação diante de milhares de monges, extremamente ansioso com o desempenho, e repetissem os mesmos exames sob circunstâncias diferentes, quando o senhor estivesse totalmente absorto em algum trabalho que o deixasse no estado de fluxo de que estou falando, seriam duas coisas diferentes, duas áreas diferentes do cérebro sendo ativadas. Principalmente porque, quando se está no estado de fluxo, pode-se estar muito relaxado, é um estado de calma...

— Você realmente gosta desse "fluxo", Howard! — exclamou o Dalai-Lama com uma risadinha divertida.

— Bem, não quero ficar batendo na mesma tecla, mas o estado de fluxo parece estar em alta hoje em dia, especialmente quando se lê sobre as últimas teorias a respeito da felicidade. E parte da literatura parece descrever esse estado quase como uma espécie de ápice da experiência humana, algo que estimula o crescimento e a realização do pleno potencial humano.

— O problema a respeito das teorias — ele refletiu — é que podem desfrutar de uma certa popularidade por algum tempo, e todo mundo fala delas, mas depois podem ser substituídas, ou pelo menos aprimoradas, por uma outra teoria. Entendo, porém, a diferença no que você está descrevendo. Portanto, se estou entendendo corretamente, o "fluxo" de-

EQUILÍBRIO ENTRE TÉDIO E DESAFIO

nota que o tempo passa sem esforço para você. E também que você está encarregando-se de algo voluntariamente. E que é algo interessante, algo com que você gosta de se envolver e que o absorve totalmente.

– Isso mesmo – eu disse.

– Então, como eu mencionei, talvez haja algumas coisas, como certos tipos de meditações unidirecionais ou analíticas, que podem ser úteis. Mas, por mais que esse estado seja bom, não acho que seja a fonte mais importante de satisfação, realização ou alegria.

Voltei a pensar na primeira vez em que ouvi meu ex-professor de química descrever aquele estado de completa imersão no trabalho, aquela perda completa de identidade e de noção de tempo. Ainda hoje aquilo me parecia maravilhoso, pensei.

– Por que o senhor está dizendo isso? – perguntei.

– Em primeiro lugar, porque você não pode ficar nesse estado o tempo todo. Com nossas discussões e por meio desse livro em que estamos trabalhando, estamos tentando criar um outro tipo de "fluxo". Um que possa ser mantido vinte e quatro horas por dia. Essa é a nossa meta principal: sugerir algo que possamos usar mesmo quando estamos atravessando um período difícil, fatores que possamos usar para ajudar nossa mente a permanecer calma, até mesmo alegre, quando as coisas não estão indo bem. É isso que estamos tentando fazer.

"Por meio desse 'fluxo', mesmo que você obtenha algum tipo de felicidade temporária, ele não é uma coisa contínua. O que precisamos realmente é de uma fonte contínua de satisfação, de alegria. Mesmo quando falamos de

◆

95

práticas tântricas[7] para o desenvolvimento de um grande contentamento, por exemplo, até mesmo esses estados muito elevados de contentamento e de êxtase não podem ser mantidos vinte e quatro horas por dia. Por isso, acho que o estado de fluxo não é confiável ou sustentável, e acho que é bem mais importante desenvolver outras fontes de satisfação por meio do trabalho, fontes às quais possamos ter acesso treinando a mente, ajustando o ponto de vista e a atitude, integrando valores humanos essenciais ao local de trabalho. Lidar com as próprias emoções destrutivas no trabalho, por exemplo, reduzindo a raiva, a inveja, a ganância e tudo o mais, e relacionar-se com os outros com bondade, compaixão e tolerância; essas são fontes de satisfação muito mais importantes e estáveis do que simplesmente tentar criar o máximo possível de 'fluxo'."

O fluxo foi descrito como uma ótima experiência humana e, se alguém está buscando a felicidade no trabalho, evidentemente é fácil entender a atração de entrar em um estado no qual o trabalho em si se torna intrinsecamente compensador, associado a uma sensação profunda de realização e gratificação. Mas o Dalai-Lama levanta uma ques-

---

7. O tantra refere-se a um sistema de práticas de meditação que implica a canalização de estados mentais altamente refinados e energias sutis do corpo. Diz-se que, quando o praticante se torna adepto dessas técnicas e atinge estados de realização elevados como resultado de tais práticas, ele também experimenta profundos níveis de bem-aventurança espiritual.

tão crucial: o quanto é o estado de fluxo confiável como fonte principal de felicidade e satisfação no trabalho? À noite, após nossa conversa sobre o fluxo, pensei no que o Dalai-Lama havia dito. De repente, lembrei-me de uma parte da história do meu professor que eu havia convenientemente esquecido. Depois que o professor acabou de descrever sua experiência, perguntei se ele havia experimentado aquilo antes. "Experimentei, sim", ele replicou, "o mesmo tipo de coisa aconteceu comigo pelo menos meia dúzia de vezes ao longo dos últimos anos." Evidentemente, conforme o Dalai-Lama destacou, o estado de fluxo deixa a desejar como fonte principal de felicidade e satisfação. De acordo com uma pesquisa de opinião, cerca de um quinto dos trabalhadores americanos relatam experimentar algum grau de fluxo diariamente, sendo ele aqui definido como ficar tão completamente absorto no trabalho que se perde a noção do tempo. Mas mais de um terço indicou que raramente ou nunca experimentou isso. Esses números tampouco se limitam aos trabalhadores americanos, visto que um levantamento nacional na Alemanha descobriu os mesmos índices entre os trabalhadores daquele país. Os pesquisadores usaram vários métodos para quantificar a experiência de fluxo na vida cotidiana. Usando entrevistas qualitativas depois da experiência, testes escritos, ou medições em "tempo real", empregando um sistema chamado de método de amostragem de experiência, não há dúvida de que o fluxo tende a ocorrer intermitentemente, em geral apenas por breves períodos, e não é algo que um indivíduo possa sustentar de modo intencional ao longo do dia de trabalho. Como com a maior parte das outras características humanas, existe uma variação individual considerável, sendo algumas pessoas mais propensas e outras menos propensas a experimentar o estado de fluxo.

Ao falar sobre a felicidade humana, tanto no trabalho como no lazer, o Dalai-Lama relembrou-me certa vez de que existem diferentes níveis e categorias de felicidade. Em uma conversa incluída em nosso livro anterior, *A arte da felicidade*, ele distinguiu dois tipos de satisfação humana: prazer e felicidade. O prazer evidentemente pode proporcionar um tipo temporário de felicidade e gerar estados emocionais intensos. Ele explicou que o prazer surge a partir de experiências sensoriais, mas, como depende de condições externas, é uma fonte de felicidade em que não se pode confiar. Ele destacou: "A verdadeira felicidade está mais relacionada com a mente e com o coração. A felicidade que depende principalmente do prazer físico é instável; um dia acontece, no outro pode não acontecer." Para o Dalai-Lama, a verdadeira felicidade está associada a uma noção de significado e surge a partir do cultivo intencional de certas atitudes e de certos pontos de vista. Pode-se alcançar esse tipo de felicidade por meio de um treinamento sistemático da mente. O treinamento implica em desenraizar estados mentais destrutivos como o ódio, a hostilidade, a inveja ou a ganância, e em cultivar intencionalmente os estados mentais contrários, como a bondade, a tolerância, o contentamento e a compaixão. A verdadeira felicidade pode demorar mais para ser gerada e exigir algum esforço, mas é essa felicidade duradoura que pode nos sustentar mesmo sob as condições mais árduas da vida cotidiana.

Isso nos leva de volta ao estado de fluxo. Ao descrever o tipo de satisfação ou de alegria associada ao estado de fluxo, a maioria dos investigadores faz uma distinção simi-

EQUILÍBRIO ENTRE TÉDIO E DESAFIO

lar entre prazer e felicidade, e coloca o fluxo diretamente na segunda categoria. Eles em geral consideram o prazer a satisfação de necessidades biológicas e distinguem a satisfação gerada pelo estado de fluxo, atribuindo um rótulo diferente a este tipo de felicidade, chamando-o de "gratificação", "realização" ou "desfrute". Para esses cientistas, o valor do estado de fluxo vai além da satisfação intrínseca de estar nesse estado por alguns minutos ou algumas horas. De acordo com os pesquisadores Jeanne Nakamura e Mihaly Csikszentmihalyi, "experimentar o estado de fluxo estimula a pessoa a persistir e a retornar a uma atividade devido às compensações da experiência e, desse modo, promove o desenvolvimento das habilidades com o passar do tempo". Portanto, é uma força que nos move rumo ao crescimento e à realização de nosso potencial humano.

Mas o Dalai-Lama leva-nos um passo adiante. Ao mesmo tempo em que reconhece um certo valor ao estado de fluxo, sente que não precisamos da motivação do estado de fluxo para o crescimento – podemos seguir direto até o gol, ir diretamente atrás da felicidade que buscamos. É um fato que começa ao reconhecermos por completo a importância dos valores humanos essenciais, que ele considera a fonte da verdadeira felicidade, seja no trabalho ou em casa – valores como a bondade, a tolerância, a compaixão, a honestidade, o perdão. Com base em nossa convicção total no valor dessas qualidades humanas, podemos então iniciar o treinamento de nossa mente, reformulando nossas atitudes e nosso ponto de vista.

Pensando novamente em meu ex-professor sob essa ótica, é fácil constatar que ele não era exatamente um garoto-propaganda do trabalhador feliz. Embora fosse um erudito brilhante, um escritor prolífico e um pesquisador talentoso, era conhecido como ranzinza, impaciente, excessivamente exigente e em geral provocava antipatia. Muitos de seus alunos de pós-gradução tinham pavor de trabalhar com ele. Preferindo trabalhar sozinho em seu laboratório, tinha pouco interesse em lecionar, o que com freqüência deixava a cargo de seus assistentes.

No mesmo departamento, entretanto, trabalhava outro professor no qual pensei muitas vezes ao longo dos anos. Com certeza era um homem menos talentoso do que seu colega e era pouco reconhecido profissionalmente. Distraía-se facilmente em qualquer tipo de trabalho que estivesse envolvido – se um estudante aparecesse sem avisar, ele estava sempre disposto a parar o que estava fazendo para conversar. E o que acontecia com mais freqüência era o assunto desviar rapidamente da química para o beisebol ou os filmes em cartaz. Não havia dúvida de que era pouco provável que aquele homem fizesse grandes descobertas inovadoras, e não é insensatez supor que ele jamais experimentou o estado de fluxo. Mas tinha talento para lecionar. Sabia se comunicar com os alunos e inspirou muitos deles a se interessarem sinceramente pela química, embora de início muitos achassem a matéria difícil e chata demais, uma combinação mortal. Seus alunos o veneravam, e ele tornou-se o mentor de muitos, inspirando-os e influenciando-os muito além dos limites da sala de aula. Consigo imaginar facilmente o grande número de estudantes que, ao longo de seus quarenta anos de carreira, foram inspirados por sua bondade, sua boa vontade em ajudar e pelo interesse

EQUILÍBRIO ENTRE TÉDIO E DESAFIO

sincero que tinha pela carreira de seus alunos, mesmo que só estivessem fazendo química como pré-requisito para outra área de estudo. Tenho certeza de que não sou o único a me lembrar dele com ternura depois de tantos anos. É fácil adivinhar qual dos dois professores teve uma vida mais feliz no trabalho e em casa.

Notei que o assistente do Dalai-Lama e alguns funcionários estavam fazendo hora na varanda lá fora, consultei meu relógio e percebi que tínhamos ultrapassado minha cota de duas horas. Parecia que mal havíamos começado. Acho que, ao discutir o estado de fluxo, entrei no estado de fluxo. O Dalai-Lama também não parecia ter pressa para acabar. Ele parou de falar por um bom tempo, como se estivesse inteiramente absorto em pensamentos.

Finalmente falou, acrescentando uma outra dimensão à nossa discussão.

– Acho importante ter em mente o panorama maior quando falamos dessas coisas. Agora estamos nos concentrando em uma discussão sobre trabalho e em qual é sua relação com a felicidade, e é claro que podemos continuar falando sobre como ser mais feliz no trabalho. Mas indiscutivelmente é possível que uma pessoa tenha um trabalho muito repetitivo, um trabalho que não contenha desafios e seja até entediante, e ainda assim seja feliz. O mundo está cheio de exemplos disso. Portanto, nesses casos, os indivíduos talvez tenham outras fontes de satisfação e de realização, e não contem com o trabalho como fonte primordial de satisfação.

"Vamos examinar o exemplo de um trabalhador que tem uma rotina muito entediante no serviço, que trabalha todos os dias de manhã cedo até a noite. Ora, se a única fonte de satisfação dessa pessoa vem do trabalho, se ela não tem vida fora do trabalho, se passa pouco tempo com a família e com os amigos e se nem mesmo cultiva amizades no trabalho, acho que existe um potencial para a infelicidade e até para alguns problemas mentais posteriores. Entretanto, outro trabalhador, que faz o mesmo serviço rotineiro e entediante, mas tem interesses fora do trabalho, passa um bom tempo com a família, sai com os amigos, será uma pessoa mais feliz. Ele pode não ter um trabalho interessante, mas sua vida pode ser interessante. Portanto, nesse caso, talvez ele use o emprego simplesmente como um meio de ganhar dinheiro, mas obtenha satisfação e realização mais expressivas em outras áreas de sua vida.

"Uma vida feliz deve ter variedade, ser mais total e completa. Não devemos nos concentrar apenas no emprego ou no dinheiro. Isso é importante."

Por mais que gostemos do nosso trabalho, estamos destinados a, mais cedo ou mais tarde, deparar com períodos em que nos sentimos menos entusiasmados, talvez um pouco entediados, quem sabe apenas vagamente insatisfeitos. Nosso trabalho não nos proporciona mais a sensação de satisfação e de realização de antes. Às vezes isso pode ser um divisor de águas na carreira. Perder o entusiasmo pode ser interpretado por muita gente como um sinal, um sinal de que talvez se tenha escolhido a profissão errada, a área

EQUILÍBRIO ENTRE TÉDIO E DESAFIO

errada e de que é hora de procurar um outro emprego, um emprego que desperte a alegria e o entusiasmo que outrora se experimentou. Às vezes é o caso de mudar, claro, mas talvez seja prudente parar e avaliar a situação antes de voltar a atenção para os anúncios classificados. Como o Dalai-Lama destaca, experimentar períodos de tédio no trabalho simplesmente faz parte da natureza humana. É normal. Quando as práticas do Dalai-Lama ficam um pouco entediantes, ele não abandona o hábito de monge, pelo menos não tão depressa. Este é o princípio da *adaptação* ao trabalho, uma característica inata nos seres humanos, um traço bem característico do ser humano que foi minuciosamente estudado e documentado por psicólogos. Portanto, não importa o que a vida nos ofereça de bom ou de ruim, existe a tendência a nos acostumarmos às circunstâncias.

Quando se referiu de novo brevemente a esse assunto em uma conversa posterior, o Dalai-Lama observou:

— As pessoas tendem a se acostumar com as coisas, e às vezes podem perder o entusiasmo. No primeiro ano do indivíduo em um emprego, por exemplo, este talvez seja tremendamente prazeroso, dê uma sensação de realização. Mas, no segundo ano, o mesmo trabalho talvez já dê origem a uma reação totalmente diferente.

O princípio da adaptação sugere que, por mais que tenhamos sucesso ou sorte, ou, ao contrário, por mais que enfrentemos adversidades ou tragédias, tendemos a, cedo ou tarde, nos adaptar às novas condições e retornar por fim aos nossos níveis habituais de felicidade cotidiana costumeira. Em um estudo da Universidade de Illinois, os pesquisadores constataram que, seis meses após um infortúnio ou um acontecimento feliz, os participantes da pesquisa haviam retornado a seu estado habitual de felicidade, e não se encontravam efeitos residuais do acontecimento. Desse modo, você pode ser promovido a presidente da empresa inesperadamente, ter o salário triplicado, ou experimentar de repente o mais devastador fracasso no trabalho, e mesmo assim, um ano depois, você estará quase tão feliz quanto antes.

Existe um motivo para isso, é claro. Sob uma perspectiva darwiniana, os psicólogos evolucionistas afirmam que essa característica tem origem em nosso passado remoto como espécie. É a característica de adaptação que nos ajudou a sobreviver. Se alguém ficasse feliz para sempre com o sucesso ou com a realização, em estado de contentamento perpétuo, haveria tendência de que a motivação para a busca do desenvolvimento contínuo de novas habilidades, do crescimento e do progresso se extinguisse. Isso mataria a iniciativa. Por outro lado, se as pessoas tivessem uma inclinação natural à depressão ou a se sentirem desencorajadas por um fracasso ou uma perda para sempre, se meses e anos se passassem e a dor continuasse idêntica ao dia em que aconteceu, isso também seria algo incapacitante e reduziria as chances do indivíduo sobreviver, passar seus genes adiante e se tornar um antepassado.

É por isso que, como nos lembra o Dalai-Lama, precisamos de uma vida equilibrada. Por mais que nosso trabalho seja satisfatório, é um erro contar com o trabalho como única fonte de satisfação. Do mesmo modo que os humanos precisam de uma dieta variada para manter a saúde, para suprir as diversas necessidades de vitaminas e mi-

EQUILÍBRIO ENTRE TÉDIO E DESAFIO

nerais, também precisamos de uma dieta variada de atividades que possam fornecer uma sensação de prazer e satisfação. Ao reconhecer que o princípio da adaptação é normal, podemos antecipá-lo e nos prepararmos para ele, cultivando intencionalmente um cardápio cheio de atividades de que gostamos. Alguns especialistas sugerem que um bom começo é fazer um inventário – num final de semana montar uma lista de coisas que você gosta de fazer, de talentos e de interesses, e até de coisas novas das quais você acha que poderia gostar caso experimentasse. Pode ser jardinagem, culinária, esporte, aprender uma nova língua ou um trabalho voluntário, qualquer atividade por meio da qual você possa desenvolver e exercitar habilidades. Dessa forma, se passarmos por um período de baixa no trabalho, poderemos recorrer à família, aos amigos, aos passatempos e a outros interesses como fonte principal de satisfação. E, voltando nosso interesse e nossa atenção para outras atividades por um tempo, a fase passa, e podemos retornar ao trabalho com interesse e entusiasmo renovados.

Capítulo 5

EMPREGO, CARREIRA E VOCAÇÃO

No dia seguinte, encontramo-nos de novo.
– Ao discutir a relação entre trabalho e felicidade, o senhor mencionou ontem que às vezes precisamos recuar e manter a perspectiva maior em mente. Isso me fez lembrar de que até agora identificamos algumas fontes mais comuns de insatisfação no trabalho, fatores como o tédio, a falta de autonomia, a sensação de remuneração injusta, etc. Também discutimos algumas fontes de satisfação, fatores como os relacionamentos humanos, ou até fontes em potencial, como o desafio, que dependem do indivíduo, como o senhor mencionou. Mas em um sentido mais am-

plo, gostaria de saber qual fator o senhor considera mais importante. Que fator tem mais importância em nossa felicidade no trabalho?

O Dalai-Lama permaneceu em silêncio. Por sua expressão de profunda concentração, percebi que ele estava considerando a pergunta com cuidado. Finalmente, ele respondeu:

– Quando falamos sobre trabalho, nossa meta, a coisa mais importante, é uma sensação de realização com o trabalho, não é? Portanto, na busca da sensação de realização com o trabalho, acho que a atitude da pessoa é a coisa mais importante. Exatamente... A atitude com relação ao trabalho é o fator mais importante. – Ele fez outra pausa.

– Acho que isso e a consciência de si, compreensão de si – acrescentou. – Estas são as chaves.

"Mas é claro que, como discutimos, pode muito bem haver outros fatores. A constituição emocional, o nível de emoções como inveja, hostilidade, ganância, etc. podem desempenhar um papel importante. Se, por exemplo, uma pessoa consegue um emprego e tem uma sensação de satisfação interior e também não é gananciosa, talvez aquele trabalho seja muito satisfatório para ela. Por outro lado, talvez haja um segundo indivíduo que tenha o mesmo emprego, mas seja muito mais ambicioso e ache que merece um emprego melhor e que aquele trabalho é muito humilhante para ele. Ele tem inveja dos outros colegas. Então o mesmo trabalho talvez não lhe dê uma sensação de realização. Desse modo, é claro que esses tipos de fatores são importantes."

EMPREGO, CARREIRA E VOCAÇÃO

Existem amplas evidências científicas que sustentam a alegação do Dalai-Lama de que a atitude implícita da pessoa afeta sua satisfação e sua sensação de realização no trabalho. Comprovadamente, a melhor pesquisa sobre orientação geral e atitude com relação ao trabalho foi um estudo de 1997 conduzido pela doutora Amy Wrzesniewski, psicóloga organizacional e professora de negócios da Universidade de Nova York, e seus colegas, que mostraram que os trabalhadores em geral se dividem em três categorias distintas.

O primeiro grupo considera o trabalho apenas como um emprego. Para esses indivíduos, o principal são as compensações financeiras do trabalho. A natureza do trabalho em si pode proporcionar pouco interesse, prazer ou satisfação. Como a preocupação principal é o salário, se pagam pouco ou se aparece um posto com um salário mais alto, eles logo abandonam o emprego e prosseguem as suas vidas.

O segundo grupo de indivíduos considera o trabalho como uma carreira. Para eles, o principal é a promoção. Em vez da motivação financeira, essas pessoas são mais motivadas pelo prestígio, pelo *status* social e pelo poder que acompanham títulos e cargos mais elevados no trabalho. Nessa categoria, pode haver um investimento pessoal muito maior no emprego, mas, assim que não há mais promoções em vista, os trabalhadores desse tipo começam a ficar insatisfeitos. O interesse pelo emprego pode evaporar, e eles podem até procurar outro trabalho.

A última categoria é a dos que consideram o trabalho uma vocação. Esses indivíduos fazem o trabalho apenas pelo trabalho em si. Existe uma distância menor entre o emprego e os outros aspectos da vida deles. As pessoas dessa categoria tendem a amar seu trabalho e, se tivessem condições, continuariam a fazê-lo mesmo sem serem pagas. Elas vêem seu trabalho como algo significativo, com um propósito mais elevado e que contribui para a sociedade ou para o mundo. Como é de esperar, os que consideram seu trabalho uma vocação tendem a ter bem mais satisfação no emprego – e na vida em geral – do que os que consideram o trabalho um emprego ou uma carreira. Resumindo suas descobertas, os cientistas relatam: "A satisfação com a vida e com o trabalho talvez dependam mais de como um empregado vê seu trabalho do que da renda ou do prestígio profissional."

Contudo, não precisamos nos basear em cientistas sociais, psicólogos ocupacionais ou MBAs de Harvard para comprovar isso. Cada um de nós pode conduzir sua própria investigação, usando nossa vida e as vidas dos que estão à nossa volta como objetos de pesquisa. Com um pouco de reflexão e de observação, é fácil descobrir como a atitude de uma pessoa pode exercer efeitos profundos sobre o prazer e a satisfação com o trabalho.

Claro que nossas atitudes com relação ao trabalho podem ser moldadas por muitos fatores internos e externos. Nossas experiências na infância, nossa criação e nossa cultura podem ter grande importância. Como muitos outros em nossa sociedade, lembro-me de meu pai, por exemplo, falando para meus irmãos e para mim sobre as virtudes e os prazeres do trabalho árduo, tentando incutir em nós a importância de uma ética de trabalho vigorosa. Mas, como muita gente em nossa sociedade, suas mensagens não verbais criavam uma impressão do trabalho bem diferente de suas palavras. Ao voltar para casa exausto todas as noites, relutava em falar sobre o dia de trabalho e criava uma certa incerteza em nossas mentes jovens sobre o que ele fazia exatamente no emprego. Entretanto, a julgar pela conduta dele e sem dispor de maiores informações para analisar, não ficaríamos surpresos se o trabalho dele de algum modo consistisse em ficar sentado em uma cadeira de dentista e fazer um tratamento de canal das nove às cinco horas todos os dias.

Com base nisso, eu não desejava ardentemente entrar no mercado de trabalho. E, na adolescência, meu primeiro dia em um novo emprego em nada me ajudou a reconsiderar as dúvidas sobre as virtudes e os prazeres do trabalho. Consegui um emprego de verão em uma fábrica que enlatava suco de laranja concentrado. Meu emprego consistia em ficar no fim de uma esteira rolante, transferindo caixas de latas para o estrado de madeira de um carrinho de metal. A curva de aprendizado de meu fascinante novo emprego durou aproximadamente onze segundos. Ao final da primeira hora, dominado por uma mistura de tédio e exaustão, já comecei a me melindrar com as caixas enquanto elas rolavam incansavelmente pela esteira. Eu considerava cada caixa uma afronta pessoal. Nos primeiros cinco minutos, tinha me divertido pensando em um episódio do clássico *I Love Lucy*, no qual a personagem consegue um emprego de encaixotadora de chocolates e também trabalha em uma esteira, mas logo descobri que não seria provável eu deparar com muitas estrepolias amalucadas naquela fábrica. A unidade parecia destituída de humor, e comecei a formular a teoria de que ela devia estar equipada com um algum tipo especial de filtro de ar industrial que eliminava todas as moléculas de diversão. Meu colega de trabalho de pé do outro lado da esteira parecia oferecer um certo apoio à minha hipótese não comprovada. Ele ficou completamente calado durante a primeira hora de trabalho, e, finalmente, suas primeiras palavras para mim foram: "Esse emprego é um saco!" Ele nunca me disse seu nome. Para piorar as coisas, ele parecia estar fazendo corpo mole de propósito. Movia-se tão devagar que eu era forçado a empilhar mais do que a minha cota de caixas. Era de enfurecer. Entretanto, concedendo a meu colega o benefício da dúvida, talvez não fosse só ele que estivesse se movendo devagar – o tempo movia-se tão devagar no novo emprego que talvez as leis da física tivessem deixado de existir dentro daquele prédio. Cada minuto parecia uma hora, e tudo que eu conseguia fazer era consultar, desamparado, o relógio. Não achei que fosse passar do primeiro dia.

No segundo dia, entretanto, recebi minha primeira lição sobre a importância fundamental da atitude e de como ela pode transformar por completo a experiência de alguém no trabalho. Houve uma troca de turno, e meu colega taciturno foi substituído por Carl, um homem mais velho realmente notável por sua energia e entusiasmo. Não pude deixar de me maravilhar com sua maneira de trabalhar. Ele parecia saborear o movimento físico, manejando as caixas com habilidade, num ritmo e com uma economia de gestos que dava gosto – era como assistir a um atleta profissional empenhado em um treino. E não era apenas

EMPREGO, CARREIRA E VOCAÇÃO

o movimento que ele parecia apreciar. Para ele interagir com os colegas de trabalho era um deleite. Conhecia todo o mundo pelo nome, sabia todos os detalhes da vida deles e logo me envolveu tanto com sua conversa que o dia acabou antes que eu percebesse. Ele gostava sinceramente das pessoas, e elas por sua vez gostavam dele. E ele parecia ter uma noção inata do propósito mais amplo de seu trabalho. Em algum momento ele havia se dado ao trabalho de descobrir quantas latas de suco de laranja a fábrica produzia e para quais estados e países o suco era enviado. Ele sentia prazer em pensar no lugar para o qual o suco estava indo e dizia coisas do tipo: "Cuidado com aquela caixa ali, garoto, o suco de laranja dela está indo diretamente para o iate real de Sua Majestade, para ser misturado com vodca e ser servido em copos de coquetel para diplomatas entediados", ou "Não deixe essa aí cair, porque o suco de laranja vai direto para Nebraska, onde será tomado em uma mamadeira de plástico por um bebê louro, de um ano, com cólicas." Carl, um homem em quem eu não pensava há quase 30 anos, pareceu-me um exemplo clássico de pessoa que transforma o trabalho rotineiro em vocação.

Prosseguindo em nossa discussão sobre atitudes em relação ao trabalho, o Dalai-Lama ofereceu um exemplo ilustrativo.

– Por falar em atitude em relação ao trabalho, aqui está um exemplo a partir de minha perspectiva como monge. Vi como a atitude é importante no modo como alguém empreende seu trabalho e na sensação de realização que

♦

113

dele obtém. Observei, por exemplo, como um jovem monge entra em um mosteiro e começa seus estudos religiosos e filosóficos. Nos estágios iniciais, talvez ele não dê muito valor ao significado mais profundo dos textos, mas tem de levantar muito cedo e ficar acordado até muito tarde, e continuar estudando e fazendo os serviços domésticos. A essa altura, ele acha que a coisa é muito cansativa e que está muito sobrecarregado, muito incomodado, e se envolve nas tarefas com muita relutância. Ele não tem escolha. Mais tarde, entretanto, ele começa a entender aos poucos o significado dos textos, começa a apreciá-los. Começa a ver o significado e o propósito mais profundo do que está fazendo, e isso provoca uma mudança de atitude. Agora ele não só faz o trabalho, como o faz com grande entusiasmo e não mostra nenhum sinal de tédio nem mesmo de cansaço físico. Assim, embora passe o mesmo espaço de tempo fazendo o mesmo tipo de coisa, a simples mudança de atitude tem grande importância. E acho que, em qualquer trabalho, o importante é a atitude.

– Agora que confirmamos que a atitude, a visão que se tem do próprio trabalho, é um componente crucial da satisfação e felicidade, gostaria de analisar isso um pouquinho e entrar em maiores detalhes – eu disse.

O Dalai-Lama assentiu com a cabeça.

– Sobre a identificação de atitudes em relação ao trabalho, uma pesquisa mostrou que, no Ocidente, as pessoas em geral consideram seu trabalho segundo uma dessas três categorias: algumas consideram o trabalho simplesmente um emprego para ganhar dinheiro, no qual o salário constitui o interesse e a motivação principal; outras consideram

EMPREGO, CARREIRA E VOCAÇÃO

o trabalho uma carreira, e aqui o ponto-chave é a concentração no desenvolvimento e no progresso da carreira, nas promoções e na ascensão em qualquer área; e a terceira categoria é a das pessoas que consideram o trabalho uma vocação. A característica da vocação seria considerar o trabalho uma contribuição para um bem maior, associado a uma sensação de significado. Desse modo, o conceito de vocação tem relação, antes de mais nada, com a idéia de um propósito mais elevado para o trabalho, talvez até o bem social ou o bem-estar dos outros.

"Estas são as três atitudes ou visões primordiais das pessoas a respeito de seu trabalho ou de seu emprego. Cerca de um terço das pessoas considera seu trabalho um emprego, um terço, uma carreira, e um terço, uma vocação. Além disso, o estudo mostrou que as pessoas que consideram o trabalho uma vocação em geral ficam mais satisfeitas e felizes com o trabalho do que as que o consideram apenas um emprego ou mesmo uma carreira. Isso com certeza parece dar apoio à sua idéia de que a atitude com relação ao próprio trabalho pode determinar a sensação de realização."

– Sim, isso faz sentido – observou o Dalai-Lama. – Eu diria que existe um potencial maior para a insatisfação no trabalho se você faz seu serviço apenas pelo dinheiro, apenas para receber um contracheque e nada mais. E mesmo a visão do trabalho como uma carreira ainda teria o potencial de levar à insatisfação. Claro que dependeria da motivação da pessoa, mas, se ela estivesse preocupada apenas com o progresso na carreira, com as promoções, os cargos e as nomeações, haveria o risco de competitividade excessiva, de frustração quando não progredisse, de inveja quando os outros progredissem, etc. Isso não levaria a um estado favorável de satisfação no trabalho. E ainda haveria o risco de até fazer inimigos. Por outro lado, é fácil entender por que encarar o trabalho como uma vocação propiciaria maior satisfação interior.

"Acho que considerar o trabalho uma vocação talvez também tenha outros efeitos positivos. Já falamos sobre tédio, por exemplo, e você me perguntou como eu lido com o tédio, embora eu não estivesse certo de que minhas experiências pudessem servir para todo mundo. Mas acho que aqui temos algo que poderia servir para muita gente. Se você considera o trabalho uma vocação, isso indiscutivelmente vai auxiliar sua mente a não se cansar com facilidade. Vai reduzir o tédio e dar uma sensação maior de propósito e resolução. E com essa visão você conseguiria manter o interesse e o entusiasmo mesmo sem um aumento de salário ou uma promoção."

Em nossa discussão, ao explorar as três orientações primordiais com relação ao trabalho – emprego, carreira e vocação –, falamos longamente sobre a primeira categoria, a que considera o dinheiro a motivação principal para se trabalhar. Mas o Dalai-Lama tinha razão em salientar que a carreira como motivação, com ênfase nas promoções, nos cargos e nas nomeações pode ser igualmente uma fonte de aflição. Diane é um exemplo das conseqüências potencialmente destrutivas da carreira como motivação, associada à preocupação excessiva com mais *status* e maior riqueza.

EMPREGO, CARREIRA E VOCAÇÃO

Diane é advogada, uma promotora muito talentosa. Apesar de falar com eloqüência, de ser capaz de influenciar um júri difícil com argumentos brilhantes e contestações apaixonadas, ela deixa de repente de dominar as palavras quando questionada sobre o motivo pelo qual se tornou advogada.

Talvez porque sempre tenha estado dividida entre duas visões opostas do seu trabalho: por um lado, via a profissão como um veículo para a riqueza, o *status* e a confirmação de sua inteligência pelos outros e, por outro, a considerava uma maneira de proteger as pessoas dos criminosos, dos predadores que destróem vidas e abalam a sociedade. Infelizmente, o "um lado" tornou-se aos poucos mais forte do que "o outro" à medida que a ambição pessoal prevaleceu sobre seu desejo sincero de servir aos outros.

Diane iniciou sua carreira promissora como procuradora-geral. Ganhava um caso após o outro e progredia rapidamente. Mas, à beira dos quarenta anos, não conseguiu resistir ao fascínio do dinheiro que seus colegas ganhavam nas grandes empresas ou nas causas que envolviam danos pessoais. Quando passou para o setor privado, no entanto, foi discriminada pela idade e pelas suas limitações − era velha demais para começar uma carreira com vista a ser sócia em um escritório e trabalhara por tempo demais com direito criminal para tentar outra especialização. Foi trabalhar sozinha, mas nunca conseguiu ganhar o dinheiro ou obter o reconhecimento pelos quais ansiava.

Claro que isso não eliminou sua ânsia por riqueza e reconhecimento. Na verdade, esta aumentou com os anos, alimentada pelo hábito de Diane de atirar-se sobre informes de ex-alunos, revistas profissionais e jornais locais, esquadrinhando furiosamente as páginas em busca de notícias sobre as últimas conquistas de seus colegas. Consumida pela competitividade e pela inveja, cada prêmio ou distinção conferidos a outro advogado, cada promoção a sócio, cada sentença favorável do júri em uma causa de dano pessoal (ela calculava, é claro, até os centavos dos 30% de honorários recebidos pelo colega) eram um golpe para ela. O efeito cumulativo resultou em anos de sofrimento e de crescente amargura, que acabou desgastando seus relacionamentos com os amigos e os parentes.

A recusa inabalável de Diane de abrir mão de sua busca infindável de fama e riqueza no setor privado é particularmente triste quando se considera seu enorme talento e sua capacidade como promotora. Essa busca fez com que deixasse de aceitar ofertas da procuradoria-geral para voltar à carreira em um cargo mais elevado e com muito mais visibilidade. Atormentada pelas conquistas dos colegas no setor privado, determinada a se equiparar ao sucesso deles e a superá-lo, ela praticamente garantiu uma vida de infelicidade contínua.

Ao comentar a insatisfação crônica de Diane, um ex-colega do gabinete da procuradoria-geral observou:

– É tão triste e tão frustrante! Diane realmente tem tudo para ser uma grande promotora, para ser realmente importante. Muitos advogados adorariam ter o talento dela. Não sei, é como se ela nunca conseguisse relaxar e aproveitar o sucesso, ela sempre quis uma coisa diferente. Mas o fato é que ela é uma promotora tão incrível que ouvi-la queixar-se de que não está conseguindo o que quer nos escritórios particulares de advocacia é como ouvir uma *miss* afligir-se e lamentar-se de uma espinha com uma amiga que tem acne grave.

— O senhor tem alguma idéia sobre como uma pessoa comum pode mudar a forma de ver seu trabalho ou suas atitudes em relação ao trabalho? Em outras palavras, como podemos transformar nossa atitude de tratar o trabalho como um emprego ou uma carreira para tratá-lo como vocação? O senhor tem alguma sugestão?

O Dalai-Lama pensou por um momento.

– Não tenho certeza. Mas vamos imaginar um fazendeiro; ao fazer seu trabalho, como ele poderia considerá-lo uma vocação? Talvez pudesse tentar ver o propósito mais elevado de seu trabalho e refletir sobre isso. Pensar talvez sobre seu cuidado com a natureza, sobre o cultivo da vida. Ou, no caso de um operário de fábrica, poderia pensar no benefício proporcionado pela máquina específica que está fabricando. Não sei. Acho que pode ser difícil para alguns, mas eles podem tentar procurar um propósito.

"Bem, eu imaginaria que certos profissionais, como os assistentes sociais, os professores e os agentes de saúde, devem considerar seu trabalho uma vocação."

– Veja só – apontei –, uma coisa muito interessante é que se pode pensar que a visão sobre o trabalho depende da natureza da atividade. Em algumas atividades não especializadas ou consideradas subalternas, por exemplo, as pessoas tenderiam a ver seu serviço apenas como um meio de ganhar dinheiro, enquanto um assistente social, uma enfermeira ou um médico o veriam mais como uma vocação. Mas o caso é que não existe uma divisão baseada no tipo de serviço. De fato, o mesmo estudo que identificou as três principais categorias da maneira de considerar o trabalho constatou que o percentual de satisfação era o mesmo entre elas, pouco importando a área ou o emprego específicos. O estudo analisou um grupo de diretores de faculdade, todos com o mesmo emprego, com o mesmo nível de educação, com a mesma colocação e tudo o mais, e constatou que um terço considerava o trabalho um emprego, um terço, uma carreira, e um terço, uma vocação. Portanto, mesmo entre as enfermeiras, os médicos ou os assistentes sociais, alguns consideram seu serviço apenas um emprego, alguns o consideram uma carreira, concentrando-se mais em promoções ou progresso, e outros o consideram como uma vocação. Aparentemente isso baseia-se mais na psicologia da pessoa e na sua visão do trabalho do que na natureza do trabalho em si.

– É, isso pode ser verdade – disse o Dalai-Lama. – Supõe-se que os monges budistas estudantes, por exemplo, estudem para um propósito mais elevado, para a libertação, mas alguns talvez não tragam em si essa motivação. O que pode ser devido ao ambiente. Talvez não tenham ninguém que lhes dê bons conselhos, que os ajude a ver o panorama mais amplo e o propósito máximo. Desse modo, se o assistente social for treinado e orientado adequadamente, e houver cuidado e atenção para cultivar a motivação adequada desde o princípio, talvez então ele possa ser mais capaz de considerar seu trabalho uma vocação.

– Bem, se alguém tem um emprego de assistente social ou exerce alguma outra profissão que preste auxílio,

EMPREGO, CARREIRA E VOCAÇÃO

obviamente existe pelo menos um grande potencial para que ela seja uma "vocação", pois está ajudando outras pessoas diretamente, está deixando a sociedade melhor.

Estou apenas lançando idéias, tentando esclarecer as coisas, e gostaria de saber sua opinião sobre a realização da excelência como a maior motivação ou propósito do trabalho de alguém, não necessariamente ajudando a sociedade, ou ajudando os outros, ou qualquer propósito mais elevado nesse sentido, mas um tipo diferente de propósito: trabalhar porque se deseja realmente atingir a excelência em qualquer atividade que se desenvolva. Essas pessoas desejam desenvolver seu próprio potencial ao máximo por meio do trabalho. Aqui, portanto, o foco seria obter uma profunda satisfação simplesmente por se fazer um bom trabalho. O senhor consideraria isso um "propósito mais elevado" e o colocaria na categoria de "vocação"?

– Acho que provavelmente isso também poderia ser classificado como "vocação" – replicou o Dalai-Lama, mas com um tom de incerteza na voz. – Em termos gerais, eu pessoalmente acho que é melhor quando o propósito ou o sentido mais elevado do trabalho de alguém implica ajudar as outras pessoas. Mas existem muitos tipos diferentes de pessoas, pontos de vista, interesses e disposições diferentes. Por isso, creio que indiscutivelmente é possível que, para algumas pessoas, o propósito mais elevado pode ser simplesmente empenhar-se na busca da excelência no trabalho e fazê-lo com um sentido de criatividade. O foco aqui pode estar no processo criativo e na alta qualidade do trabalho em si. E acho que isso pode transformar um mero emprego ou carreira em vocação. Mas, mais uma vez, deve-se

◆

121

ter uma motivação adequada: não executar o trabalho movido por uma forte competição ou pela sensação de inveja. Isso é importante.

"Para dar um exemplo, acho que no passado e mesmo agora, muitos cientistas são instigados a executar experiências movidos apenas pela curiosidade científica e pelo forte interesse em sua área em particular, apenas para ver o que podem descobrir. E acho que essas pessoas conseguem considerar seu trabalho uma vocação. Como resultado, esses cientistas fazem muitas vezes novas descobertas, descobrem coisas que em última instância beneficiam os outros, mesmo que esta não seja a intenção original."

– Acho que é um bom exemplo – observei.

– Claro que às vezes existe um perigo nisso – ele advertiu. – Por exemplo, alguns cientistas se empenharam em pesquisas para produzir novas armas de destruição em massa. Particularmente entre vocês, americanos! – Ele riu.

– E acho que esses cientistas talvez também vissem seu trabalho como uma vocação, apresentar coisas novas para destruir o inimigo e talvez, em suas mentes, para proteger seu próprio povo. Mas então existem alguns líderes como Hitler, que usam as descobertas de maneira errada.

Continuei:

– Bem, como mencionei, existem certas profissões em que é potencialmente mais fácil abordar o trabalho com a "atitude de vocação". Áreas como a assistência social, a medicina, o ensino religioso ou o magistério. Esse tipo de coisa. Mas mencionamos a idéia de que existem milhões de pessoas que não têm a oportunidade ou interesse de serem grandes cientistas ou assistentes sociais, professores ou profissionais da saúde. Há empregos nos quais não é tão óbvio o propósito elevado de beneficiar os outros, nos quais pode ser mais difícil ver o trabalho como vocação. Existem, por exemplo, muitas ocupações consideradas interessantes unicamente para ganhar dinheiro – banqueiros, corretores de valores etc. – ou interessantes para promoções, *status* ou poder: executivos de empresas, advogados ou outros tipos de profissionais.

– Sim, é verdade – replicou o Dalai-Lama –, mas, como mencionei, existem muitas pessoas diferentes no mundo, e podem existir, portanto, muitas abordagens diferentes para se descobrir um propósito e um significado mais elevado para o trabalho, o que conseqüentemente faz o trabalho ser visto como essa "vocação" da qual você está falando. E isso aumentaria a satisfação no trabalho. Uma pessoa pode, por exemplo, ter um emprego entediante, mas ela sustenta a família, ou os filhos, ou os pais idosos. Ajudar e sustentar a família pode ser, portanto, o propósito mais elevado daquela pessoa e, quando ela se sente entediada ou insatisfeita com o trabalho, pode refletir intencionalmente sobre proporcionar felicidade e conforto para a família, visualizar cada familiar e ver que seu trabalho está proporcionando comida e abrigo para aquele indivíduo, e creio que isso pode então dar mais força ao trabalhador. Portanto, goste ou não do trabalho, ainda há um propósito. Mas acho que já mencionamos que, se você considera o trabalho apenas pelo salário, sem nenhum outro propósito, ele se torna entediante; você quer outro trabalho.

– Claro que existem ainda milhões de pessoas solteiras que não têm uma família para sustentar – apontei –; o senhor acha que existe uma maneira de elas cultivarem uma motivação mais elevada, da qual possam se recordar no cenário do trabalho?

– Isso não é problema – disse o Dalai-Lama sem hesitar. – Existem muitas linhas de raciocínio que uma pessoa pode usar para descobrir o propósito mais elevado, o benefício mais amplo de seu trabalho.

– O senhor pode dar alguns exemplos?

O Dalai-Lama apontou para o gravador sobre a mesinha de centro à nossa frente.

– Observe essa máquina. Acho que no mínimo alguns milhares de pessoas ajudaram a fabricá-la. Cada uma deu sua contribuição, de modo que agora podemos usá-la na elaboração de nosso livro, que pode auxiliar um pouco outras pessoas. Do mesmo modo, muitos milhares de pessoas fornecem o alimento que comemos, as roupas que vestimos. Um operário isolado de uma linha de montagem em algum lugar talvez não veja diretamente o benefício de seu trabalho árduo, mas, por meio de uma pequena análise, pode perceber os benefícios indiretos aos outros, ter orgulho do que faz e ter uma sensação de realização. Trabalhadores do mundo inteiro estão gerando felicidade para os outros, embora talvez não estejam percebendo isso. Acho que, se trabalhamos para uma grande empresa, muitas vezes pode parecer superficialmente que o trabalho é insignificante, que um trabalhador isolado não tem muito impacto direto sobre a grande empresa. Mas, se investigarmos mais profundamente, talvez percebamos que nosso emprego pode exercer efeitos indiretos sobre pessoas que talvez jamais sequer conheçamos. Acho que, em pequena

EMPREGO, CARREIRA E VOCAÇÃO

escala, talvez possamos dar alguma contribuição aos outros por meio de nosso trabalho.

"Mas outros podem, por exemplo, trabalhar para o governo de alguma maneira e, com isso, considerar o trabalho para seu país como o propósito mais elevado. Na década de 1950, por exemplo, muitos chineses, inclusive soldados, acreditavam sinceramente estar trabalhando para o benefício dos outros, pelo menos para o benefício do partido, o que significaria para o benefício das pessoas. Estavam fortemente convencidos de seu propósito e até sacrificavam suas vidas. E não se importavam com os ganhos pessoais. De modo semelhante, no mundo monástico existem muitos monges que decidem viver em retiro como eremitas nas montanhas, sob condições precárias e passando por enormes privações. Eles têm a opção de permanecer no mosteiro e ter mais conforto e facilidades. Mas estão dispostos a enfrentar as privações imediatas porque têm um propósito muito mais elevado em mente, porque sua meta é atingir a libertação, para que possam servir melhor a todos os seres. Acho que essas pessoas desfrutam de uma certa satisfação mental por seu trabalho."

O Dalai-Lama bebeu um pouco de chá enquanto refletia.

– Sempre existe uma forma de encontrar um propósito mais elevado para o trabalho. Claro que há indivíduos que não precisam trabalhar devido a condições financeiras privilegiadas. Sob essas condições, podem desfrutar da liberdade e do privilégio que têm, e isso é uma coisa. Mas, entre os que precisam trabalhar para se sustentar, é importante reconhecer que, antes de mais nada, fazem parte da sociedade. São membros da sociedade humana em que vivem. E também devem reconhecer que, ao participar ativamente dessa força de trabalho, de algum modo estão desempenhando o papel de bons cidadãos em sua sociedade, de membros produtivos da sociedade. Desse modo, podem perceber que indiretamente estão dando uma contribuição para toda a sociedade. Portanto, se pensarem nesses termos, poderão ver algum propósito no que estão fazendo, que vai além de apenas proporcionar um sustento para eles mesmos. Só isso já pode ser o suficiente para dar uma sensação de propósito, uma sensação de vocação. E essa idéia pode ser reforçada se simplesmente perguntarem a si mesmos: *Qual é a outra alternativa?* Ficar vagando por aí. E então existe o perigo de se deixar levar por alguns hábitos pouco saudáveis, como as drogas, as gangues ou tornar-se um membro destrutivo da sociedade. Desse modo, não apenas não se contribui para a sociedade em que se vive, como de fato se abala a estabilidade da sociedade da qual se faz parte. Portanto, se qualquer trabalhador pensar nesses termos, verá um propósito mais elevado em seu serviço.

O Dalai-Lama fez mais uma pausa e riu:

— Estou pensando que pode haver um pouco de ironia aqui. Estamos discutindo coisas que podem acabar em um livro e talvez pareça que estou fazendo essas sugestões para os cidadãos americanos, mas resta saber se os tibetanos, minha própria comunidade, prestam atenção nessas coisas. Nem sempre eles me escutam!

— Bem, talvez possamos traduzir nosso livro para o tibetano — brinquei.

EMPREGO, CARREIRA E VOCAÇÃO

Todos nós temos condições de cultivar uma satisfação maior no trabalho transformando o emprego em vocação. E por sorte não precisamos abandonar nosso emprego de carregador de malas ou de corretor de hipotecas e nos alistarmos no Corpo de Paz. Em qualquer tipo de emprego, com um pouco de atenção e esforço, podemos encontrar um significado maior para nosso trabalho. A doutora Amy Wrzesniewski, pesquisadora de destaque na área da satisfação do trabalhador, disse: "Pesquisas recentes mostraram que trabalhadores em empregos subalternos podem transformar sua relação com o trabalho, modelando as tarefas e os relacionamentos que fazem parte do emprego de modo a torná-los mais significativos."

Existem muitas maneiras pelas quais um indivíduo pode tornar seu trabalho mais significativo. Uma mulher que trabalha nos escritórios de uma grande empresa descreveu como faz isso:

– Todos os dias escolho uma pessoa que pareça estar em um dia de sanduíche de manteiga de amendoim e esforço-me para estimulá-la um pouco, pergunto se posso ajudar de alguma maneira, ou às vezes apenas dou um sorriso e um tapinha nas costas. Claro que nem sempre consigo ajudá-la, às vezes consigo, às vezes não. Mas com certeza ajudo a mim mesma. Não custa muito fazer isso, mas, acredite, ganho o dia. É um estímulo para eu querer voltar ao trabalho todos os dias.

– O que é um dia de sanduíche de manteiga de amendoim? – perguntei.

– Aquele tipo de dia em que você acorda e, desde o momento em que se levanta, nada parece dar certo. É uma coisa atrás da outra a manhã inteira, e então no almoço você deixa cair no chão o sanduíche aberto de manteiga de amendoim, com a manteiga voltada para baixo.

Claro que nem sempre é fácil encontrar um propósito ou um significado mais elevado para o trabalho, adotar uma atitude ou uma perspectiva diferente. O impacto global de nossos esforços nem sempre fica claro imediatamente. Portanto, devemos começar em pequena escala, reconhecendo o efeito positivo que exercemos sobre os que estão à nossa volta. E, quando descobrimos como contribuímos para um bem maior, devemos nos lembrar disso com firmeza, especialmente quando estamos entediados, sobrecarregados ou desmoralizados no trabalho.

Sem a ajuda de cientistas sociais, psicólogos organizacionais, ou especialistas como a doutora Wrzesniewski, uma amiga que trabalha como editora chefe em uma grande editora deparou casualmente com uma estratégia pessoal para mudar sua atitude com relação ao trabalho – um método que vem usando com eficiência há muitos anos e que ilustra perfeitamente como cada um de nós pode transformar o trabalho em vocação.

– Muitas vezes, no trabalho, chego ao ponto de sentir que simplesmente não agüento mais isso – ela explicou. – Não sei o que é "isso", mas todas as tarefas parecem um fardo insuportável; todas as perguntas parecem uma interrupção insidiosa; todas as reuniões, uma imposição em minha qualidade de vida. Nesses momentos, não consigo deixar de sentir que preferiria estar em qualquer outro lugar que não no trabalho. Preferiria até estar enfiada em um metrô quente e úmido, em um túnel sem ar condicionado.

Ora, se encaro meu emprego apenas como carreira, como algo que faz com que eu seja bem-vista pela sociedade, ou que me faça sentir melhor, esse é o resultado inevitável. Descobri que contar com algo externo para a felicidade sempre faz com que você se decepcione. Meu emprego não pode fazer com que eu me sinta melhor, tenho de cuidar disso. Daí, quando me sinto assim, não tento dar uma guinada radical na atitude, dizendo a mim mesma: "Bem, afinal meu emprego acaba ajudando as pessoas." Isso não funciona. Tenho de ir devagar. Tenho de começar com a irritação que sinto quando tenho que responder a uma pergunta inoportuna de algum colega. Tenho que apreciar àquela pessoa como alguém que também tem um trabalho a fazer e cujas necessidades são tão importantes ou até mais importantes do que as minhas. Então consigo tirar um pouco de satisfação do fato de que, devido ao meu emprego, fui capaz de ajudar a dissipar a confusão de uma outra pessoa. A partir desse ponto, consigo voltar à minha tarefa como escrever um memorando de *marketing* para opinar sobre um livro. Então consigo pensar sobre como as pessoas na empresa estão reagindo àquele livro: a leitura foi agradável para elas, o livro foi perfeito para um ente querido que estava no hospital, elas poderiam pegar outro exemplar para mandar para o pai delas? Então penso nos milhares de exemplares que estarão nas livrarias em todo o mundo e nas pessoas que poderão entrar e comprar o livro, lê-lo, sentir que foi útil e passar o livro adiante para alguém que talvez possa achá-lo útil, etc. E nessa hora consigo ver que o propósito de meu emprego é realmente ajudar a aliviar o sofrimento. Mas não é fácil manter essa visão. Caio na "encheção" o tempo todo. É um exercício de treinamento mental que preciso praticar o tempo todo. E o mau humor no trabalho é um sinal de que preciso fazer o exercício de novo, outra vez, e ainda de novo, até o dia em que o sentimento surgir natural, espontaneamente e, por um instante, quando estiver trabalhando, eu sinta uma grande alegria a partir do nada.

Capítulo 6

AUTOCONHECIMENTO

O Dalai-Lama ficou preso em outras reuniões e compromissos por vários dias; por isso, quando retomamos nossa discussão, eu estava ávido por começar de onde havíamos parado.

– No outro dia, falamos como a atitude é um elemento importante para moldar a satisfação no trabalho e discutimos meios para mudar nossa atitude ou nosso ponto de vista a fim de considerar o trabalho como uma vocação. Mas o senhor também mencionou outro elemento importante: a autoconsciência de si ou o autoconhecimento.

– É verdade – disse o Dalai-Lama animadamente.

A ARTE DA FELICIDADE NO TRABALHO

Ao contrário da maioria de nossos encontros, que ocorriam no fim da tarde, naquele dia iniciamos nossa sessão pela manhã. Embora eu não seja uma "pessoa matinal", sempre gostei de me encontrar com o Dalai-Lama pela manhã, pois, cedo, ele sempre parecia muito alerta, recuperado e num estado de espírito particularmente bom. Aquela manhã não foi uma exceção, e ele parecia tão ávido por retomar nossa conversa quanto eu.

– O senhor poderia então explicar com maiores detalhes como o autoconhecimento pode ser aplicado especificamente a nosso trabalho?

– Acho que pode ser muito útil a pessoa se conhecer melhor. Se, por exemplo, alguém é altamente qualificado e acaba em um emprego muito ruim, tem motivos válidos para reclamar e procurar uma ocupação melhor. É algo legítimo. Ele tem capacidade de progredir e deve progredir. Entretanto, pode haver outra pessoa que também se sente descontente com sua ocupação e deseja um emprego melhor e mais dinheiro, mas não tem muita capacidade e qualificação. Nesse caso, ela tem uma imagem inflada de si mesma, não se conhece acuradamente. Em vez de mudar de atitude, de ficar satisfeita com o trabalho que tem, porque percebe que corresponde a seu nível de aptidão, começa a culpar os outros, exigir um emprego melhor, e seu trabalho torna-se uma fonte de insatisfação em vez de uma fonte de realização.

– É interessante o senhor trazer o tema da consciência de si à tona – comentei –, pois na literatura sobre fontes de satisfação no trabalho (por que algumas pessoas estão satisfeitas e outras não), muitos pesquisadores falam a

AUTOCONHECIMENTO

mesma coisa que o senhor mencionou: o autoconhecimento e a autoconsciência de si são o princípio-chave para se obter mais satisfação no trabalho. O senhor pode se estender um pouquinho sobre o que quer dizer com consciência de si ou autoconhecimento, além de: "Oh, tenho aptidão para fazer esse serviço", mas, em um sentido mais amplo, o que a consciência de si e o autoconhecimento abrangem?

O Dalai-Lama explicou:

— Ora, quando falamos de consciência de si e de autoconhecimento, pode haver vários níveis. Na psicologia budista, enfatiza-se muito a importância de se ter uma noção do eu baseada na realidade. Isso porque existe uma relação íntima entre como nos vemos e como tendemos a nos relacionar com os outros e com o mundo. Não é preciso dizer que o modo como nos vemos também afeta o modo como tendemos a reagir a determinada situação. Então, em um nível bem elementar, os seres humanos têm uma noção inata de si mesmos, uma noção do eu, que percebemos como uma espécie de âmago interior fixo e inalterável, algo independente, separado dos outros e do mundo. Entretanto, a questão torna-se se essa noção de si mesmo, se esse eu ao qual nos agarramos com tanta força existe de verdade da maneira como o percebemos. Qual é a verdadeira natureza implícita do eu? Qual é a base definitiva do eu? Esse é um tema crucial no pensamento budista, pois afirmamos que a crença em um eu unitário, sólido e inalterável é a origem de todas as nossas aflições mentais e emocionais, dos estados mentais destrutivos que obstruem nossa felicidade. Usando a razão, a lógica e a análise cuidadosa na busca da natureza definitiva do eu,

A ARTE DA FELICIDADE NO TRABALHO

verificamos que existe uma diferença entre como parecemos existir e como existimos verdadeiramente. Uma diferença entre aparência e realidade. Mas esse tipo de investigação sobre a natureza definitiva do eu, sobre a natureza da realidade, é uma questão de teoria e prática budista. Tem a ver com o que se chama de *vacuidade* ou *não-eu* na linguagem budista. É um tema distinto do autoconhecimento que estamos discutindo nesse momento. Aqui, estamos preocupados antes de mais nada com o autoconhecimento no sentido convencional. Portanto, não estamos falando de chegar ao conhecimento da natureza definitiva de nosso eu.

– Bem, digamos que alguém queira desenvolver uma consciência maior de si ou um autoconhecimento maior no nível convencional, cotidiano. Como se começa a desenvolvê-los? – perguntei.

– Bem, se estamos falando do trabalho ou emprego de alguém – sugeriu o Dalai-Lama –, se as pessoas desejarem uma compreensão maior do nível de seu conhecimento ou de suas aptidões técnicas em sua área ou em sua profissão em particular, talvez queiram fazer voluntariamente determinados testes para descobrir isso. Acho que seria útil aumentar o discernimento de quais são as suas capacidades, pelo menos no que diz respeito à aptidão técnica, à competência ou ao tipo de conhecimento que pode ser avaliado objetivamente.

"Mas, se estamos falando de aumentar a consciência de si e o autoconhecimento em um nível mais profundo, o mais importante é ter uma visão de si mesmo baseada na realidade. A meta aqui é ter uma visão de si mesmo não

AUTOCONHECIMENTO

distorcida, uma estimativa apurada das suas capacidades e características."

Refleti por um momento. Mais uma vez, fiquei impressionado com a perspectiva do Dalai-Lama, um amálgama de sabedoria budista e de bom senso, em um paralelo tão próximo às descobertas da ciência ocidental.

– Sabe, o que o senhor está dizendo me faz lembrar de algumas das teorias mais recentes propostas por certos pesquisadores e especialistas na ciência da felicidade humana. Um pesquisador em particular, Martin Seligman, fala sobre aumentar o autoconhecimento por meio da identificação do que chama de "forças pessoais": as boas qualidades e as características naturais, o conjunto singular de características louváveis que cada um de nós tem. De fato, ele e seus colegas desenvolveram um questionário, ou um teste, que as pessoas podem fazer para identificar suas forças pessoais. Esse questionário é muito sofisticado e detalhado. Ele identificou seis categorias principais de virtudes humanas, como a sabedoria, a coragem e o amor. A seguir, subdividiu as virtudes primárias em vinte e quatro "forças pessoais". A coragem, por exemplo, subdivide-se em valor, perseverança e integridade. De qualquer forma, esse investigador sustenta que um indivíduo pode ser mais feliz no trabalho quando identifica suas forças pessoais e faz um esforço consciente para usar essas forças no emprego: todos os dias, se possível. Ele recomenda que se escolha um trabalho em que se usem tais forças naturalmente. Mas, se não for possível, ele sugere então transformar o emprego atual para usar as forças ao máximo.

Continuei:

– Falamos há pouco que as pessoas se sentem mais felizes com o trabalho quando o vêem como uma vocação. Dissemos que um modo de considerá-lo dessa forma é reformular nossa atitude e tentar descobrir um propósito ou um sentido mais elevado para o trabalho. Segundo Seligman, existe outro modo de transformar o trabalho em vocação: identificar e usar as forças pessoais. Acho que, de certa forma, isso tem relação com a idéia de autoconhecimento de que o senhor fala. Pelo menos no nível convencional.

"Ao falar sobre o uso das forças pessoais no trabalho, acho que o senhor pode ser um bom exemplo. Lembro que, tempos atrás, falamos sobre seu papel de líder do povo tibetano e do sucesso que o senhor obteve. E, em algumas de nossas discussões, o senhor citou as diferenças no estilo de liderança entre o senhor e o décimo terceiro Dalai-Lama. Por exemplo: o décimo terceiro Dalai-Lama era mais austero, até severo. O estilo do senhor, embora diferente, pode servir melhor às necessidades do povo tibetano nas condições atuais. O senhor identificou características diferentes: uma delas é uma espécie de informalidade, outra é uma espécie de franqueza, esse tipo de coisa. O senhor identificou suas forças e como elas podem ser aplicadas às necessidades de sua atividade de líder do povo tibetano, que é pelo menos uma de suas atividades. Isso tem relação com a idéia de saber exatamente quais são as suas forças e então usá-las no trabalho. Faz sentido?"

– Não sei... Estou pensando se essas coisas poderiam ser chamadas de estilo ou de força; meus conhecimentos de inglês são às vezes limitados. Mas acho que coisas como franqueza e informalidade seriam simplesmente características. Não sei se poderia chamá-las de forças. Mas o que você parece estar dizendo é que, se as características de alguém são adequadas às circunstâncias e podem ser úteis, então tornam-se uma força.

– Creio que se pode colocar dessa forma.

– É que, para mim, coisas como honestidade, verdade e humildade seriam forças. Portanto, não tenho certeza de que entendi sua definição. Por exemplo, tenho uma voz forte, um tom de voz alto. É uma de minhas características.

– Ele riu. – E dou algumas palestras. Então isso é uma força?

– Bem, não acho que um tom de voz alto seria considerado automaticamente uma força, a menos que o senhor estivesse dando uma palestra e não houvesse microfones – brinquei.

– É verdade, com toda a certeza – ele concordou, a voz ainda ressoando, alegre. – Meu irmão saiu de férias recentemente e ficou em um lugar onde os tons de voz altos das pessoas do quarto ao lado o mantinham acordado a noite inteira. – Ele riu mais quando recordou: – E eu tinha um motorista que espirrava tão ruidosamente que era possível ouvi-lo do outro lado do edifício. Explique-me portanto melhor essa idéia de forças, do que poderiam ser consideradas forças.

– Bem, para ser sincero, não me lembro de todas as características da lista específica de Seligman, mas um tom de voz alto, por exemplo, não é necessariamente uma força; entretanto, a capacidade de se comunicar clara e eficientemente seria considerada uma força – observei, enquanto ele ainda se sacudia de tanto rir lembrando o espirro do motorista. – Outro exemplo: percebi que o senhor tem sem-

◆

137

pre muito senso de humor e usou esse humor com eficiência para se comunicar com os outros em diversas circunstâncias. Acho que isso seria uma força.

– Mas isso – disse ele – parece apenas uma coisa natural, apenas uma qualidade que surge, que flui naturalmente. Não decido usar o humor de forma consciente. Estou ficando confuso com essa idéia de forças.

– Bem, estamos falando sobre o autoconhecimento. Estamos falando de identificar nossas qualidades e nossas capacidades positivas naturais, e depois usá-las, e aplicar essas capacidades ao trabalho. De fato, depois de identificar nossas forças pessoais, podemos até trabalhar para reforçá-las, para desenvolvê-las. Com isso, uma pessoa pode transformar um emprego em vocação, o que faz com que o trabalho gere mais realização, mais satisfação. Outro dia falamos que os ensinamentos que o senhor ministrou no sul da Índia constituíram um trabalho árduo. Fico imaginando se o senhor usou certas características ou certas capacidades ao dar aquelas palestras, e se, por usar tais capacidades, a experiência foi mais satisfatória.

– Entendo – ele disse. – Sim, quanto a isso, acho que tenho uma capacidade especial: o modo como minha mente funciona. Acho que tenho muita capacidade para ler um texto budista, e captar a essência do que está no livro, e resumi-la bem. Acho que essa capacidade se deve em parte à habilidade de colocar o material em um contexto mais amplo, e principalmente à minha tendência de relacionar o material à minha vida, de fazer uma conexão comigo e com minha experiência pessoal, com minhas emoções. Quando leio livros, vinculo até mesmo textos muito filosóficos e temas muito acadêmicos, conceitos filosóficos como vacuidade, minhas próprias experiências. Não divido minha vida em atividades acadêmicas e experiências pessoais: elas estão inter-relacionadas. De modo que, em vez de o material ou apresentação tornar-se árido e acadêmico, transforma-se em uma coisa vívida, em uma coisa viva. Torna-se algo pessoal, relacionado com minha própria experiência interior. É a esse tipo de coisa que você se refere?

De repente ficou claro por que ele estava tendo dificuldades com o conceito de que estávamos falando. Havíamos discutido a idéia de identificar as forças particulares de um indivíduo e usá-las deliberadamente no trabalho como forma de desenvolver maior satisfação ou de transformar o emprego em vocação – mas parecia que a vida pessoal dele já estava tão completamente integrada à sua vida profissional que não havia nenhuma separação entre elas. Ele, portanto, não tinha nenhuma necessidade de tentar chegar a estratégias que o deixassem mais feliz no trabalho – afinal de contas, ele alegava "não fazer nada" para viver, não via nenhuma de suas intensas atividades no mundo como trabalho, aquelas atividades eram apenas uma extensão dele como ser humano.

Ao perceber isso, eu disse:

– Sim. Parece uma força – sem precisar continuar a discussão.

Toby é um exemplo de que identificar e utilizar as forças pessoais no trabalho pode transformar um emprego em vocação, de que, com um pouco de criatividade e esforço,

♦

A ARTE DA FELICIDADE NO TRABALHO

podemos levar nossas forças para o trabalho, aumentando nossa satisfação com o emprego. Universitário recém-formado, Toby adorou quando recebeu o seu diploma e foi trabalhar em um grande escritório de contabilidade. Experimentou uma sensação de realização que nunca sentira antes e estava vibrando por descobrir os benefícios de ganhar um salário decente depois de anos batalhando como estudante, tentando se arranjar com empregos de meio período e salário mínimo. Entretanto, a exaltação inicial logo passou, e passados seis meses ele relatava:

– Comecei a ficar meio entediado com meu emprego. Mas não conseguia distinguir exatamente por que não estava gostando tanto dele. O trabalho era o mesmo, meu chefe era o mesmo, mas por algum motivo comecei a sentir uma espécie de vaga insatisfação com o emprego. De um modo geral, eu ainda gostava dele e não queria fazer outro tipo de trabalho. De qualquer modo, achei que deveria fazer algo fora do trabalho, só para me sentir menos entediado. Achava que gostaria de fazer alguma coisa criativa, porque tenho um lado criativo que não era capaz de usar no trabalho...

– Sim – intervim –, contabilidade criativa foi o que criou problemas para Enron e para a WorldCom.

Toby deu uma risadinha e continuou.

– De qualquer modo, decidi fazer um curso noturno de Photoshop, um programa gráfico de computador. Adorei. Depois que acabei o curso, estava preparando um relatório no serviço e decidi incluir alguns diagramas coloridos sofisticados e outros gráficos nele. Ficou bem bonito e me diverti muito. Uma de minhas colegas de trabalho viu meu

AUTOCONHECIMENTO

relatório por acaso e pediu que eu fizesse o mesmo em um relatório que ela estava fazendo. Mostrou-o a toda a empresa, e logo outros vieram me pedir que eu incrementasse os relatórios deles. Finalmente alguns daqueles relatórios chamaram a atenção de meu chefe e ele me chamou à sua sala. Pensei que fosse ter problemas por desperdiçar tempo fazendo aquele tipo de coisa que não era mastigar números, esta sim a tarefa da qual supostamente eu deveria me ocupar. Mas, em vez disso, ele falou do quanto tinha gostado daqueles relatórios, disse que eles realmente melhoraram a qualidade das apresentações e mudou a descrição de meu cargo para nele incluir a produção dos gráficos no computador. Ainda trabalho com números, o que também gosto de fazer, mas as novas obrigações quebram um pouco a rotina e deixam o trabalho muito mais divertido. Comecei a ter vontade novamente de ir trabalhar.

— Falamos sobre a importância do autoconhecimento — continuei — e sobre como se pode aumentar o autoconhecimento por meio do aumento da consciência das qualidades, das forças pessoais, etc. Mas o senhor também mencionou algo sobre autoconhecimento em nível mais profundo: ter uma imagem exata de quem se é. O senhor pode explicar o que isso quer dizer?

— Posso — respondeu o Dalai-Lama. — Como mencionei, é importante ter uma noção de si mesmo baseada na realidade, um reconhecimento não distorcido das capacidades e das características pessoais. Isso é muito importante, pois uma noção realista do eu leva menos à aflição psicológica

◆

e emocional. Então, acho que primeiro é importante identificar os fatores que impedem um autoconhecimento e uma consciência maiores. A tolice humana é talvez um dos principais fatores – ele riu – a simples teimosia. Com isso refiro-me ao tipo de teimosia tola que se adota com freqüência com relação à experiência de vida.

– Que tipo de teimosia?

– Por exemplo, insistir em que se está sempre certo, achando que o jeito com que se vê as coisas é o melhor jeito ou o único jeito de ver. Esse tipo de atitude, que às vezes pode dar uma sensação de proteção, na verdade fecha a porta para qualquer consciência real das possíveis deficiências pessoais. O orgulho excessivo, que freqüentemente leva a uma noção exagerada de importância, também obstrui as possibilidades de um maior autoconhecimento. Por exemplo, quando você é arrogante, provavelmente é menos aberto às sugestões e às críticas dos outros, que são cruciais para seu maior desenvolvimento e autoconhecimento. Além disso, uma noção inflada do eu leva a expectativas não realistas com relação a si mesmo, o que tem como conseqüência a pressão excessiva sobre si mesmo. Quando essas expectativas não são atingidas, o que acontece com freqüência, isso se torna uma fonte de insatisfação perpétua.

– Como alguém pode superar esse tipo de noção inflada de suas capacidades? – perguntei.

– A primeira exigência é de fato querer superá-la. A pessoa pode então passar um tempo pensando sobre os problemas e o sofrimento causados por isso. O passo seguinte seria simplesmente gastar algum tempo refletindo sobre

AUTOCONHECIMENTO

as muitas áreas das quais ela não tem nenhum conhecimento, sobre coisas e conhecimentos que lhe faltam, observando pessoas mais realizadas. Pode até pensar nos diferentes tipos de problemas humanos a que todos nós, sem exceção, estamos sujeitos. Isso pode ajudar a reduzir o nível de arrogância e presunção.

"Ao mesmo tempo, um conceito excessivamente baixo das próprias capacidades também é um obstáculo. A humildade é uma boa qualidade, mas pode haver humildade demais. Esse tipo de pouca auto-estima terá o efeito negativo de bloquear qualquer possibilidade de aperfeiçoamento de si mesmo, quase que por desistência, porque a tendência de tal pessoa seria reagir automaticamente a um fato com o pensamento de: *Não, não consigo fazer determinada coisa.* Para superar isso, a pessoa deve passar algum tempo pensando simplesmente em seu potencial como ser humano, percebendo que todos nós temos a maravilhosa inteligência humana à nossa disposição, que podemos usá-la para realizar muitas coisas. Claro que existem pessoas retardadas mentalmente que talvez não sejam capazes de usar sua inteligência do mesmo modo, mas essa é uma outra questão.

"Além disso, eu também citaria o estado mental agitado como outro obstáculo para um maior autoconhecimento. Como o autoconhecimento exige uma certa capacidade de se concentrar nas próprias aptidões e no caráter pessoal, uma mente em constante agitação simplesmente não encontrará espaço para fazer qualquer reflexão séria sobre si mesma."

– Nesses casos o senhor acha útil praticar técnicas de relaxamento ou certos tipos de meditações de elevação ou de análise sobre as quais já falou? Supondo-se, é claro – tive de acrescentar como médico –, que não haja um quadro clínico que esteja provocando a agitação.

– Sem dúvida – ele disse enfaticamente. – De todo modo, ter maior autoconsciência ou maior conhecimento significa ter uma compreensão melhor da realidade. Ora, o oposto da realidade é projetar em si mesmo qualidades que não existem, atribuir a si mesmo características que contrastam com as que de fato existem. Por exemplo, quando você tem uma visão distorcida de si mesmo devido ao orgulho ou à arrogância excessivos, tem uma noção exagerada de suas qualidades e de suas capacidades pessoais devido a esses estados mentais. Sua visão de suas capacidades vai muito além das suas capacidades reais. Por outro lado, quando você tem uma auto-estima baixa, subestima as suas qualidades e capacidades reais. Você se autodeprecia, se rebaixa. Isso leva à completa perda de fé em si mesmo. Portanto, os excessos, tanto em termos de exagero quanto de depreciação, são igualmente destrutivos. Enfrentando esses obstáculos e examinando constantemente nosso caráter pessoal, nossas qualidades e nossas capacidades, podemos aprender a nos conhecer melhor. É o modo de se ficar mais consciente de si mesmo.

Ele fez uma pausa e a seguir acrescentou:

– Mas o que estou sugerindo aqui não é de fato uma coisa nova, é?

– Nova como?

– Parece-me que todas essas coisas fazem parte do bom senso. Basta usar o bom senso, e todas essas respostas aparecerão.

AUTOCONHECIMENTO

— Talvez seja verdade — admiti —, mas às vezes parece que existe uma falta generalizada de bom senso em nossa sociedade. As pessoas sempre podem usar um pouco mais de bom senso.

— Não tenho certeza de que isso seja verdade — ele disse —, porque acho que o progresso, a realização de coisas requerem bom senso. Você não pode realizar grandes coisas sem um certo bom senso. E acho que nos Estados Unidos foram realizadas muitas coisas importantes. Assim, acho que deve haver algum bom senso por lá.

— Bem, acho que o senhor está certo quanto a isso. Mesmo assim, as pessoas nem sempre param para refletir, para lembrar a si mesmas essas coisas do bom senso. Além disso, alguém pode ouvir palavras de bom senso, mas, se é a mãe ou um tio irritante que as dizem, a pessoa tende a ignorá-las; contudo, se as mesmas palavras vierem do senhor, elas talvez prestem atenção.

O Dalai-Lama deu uma gargalhada.

— Porque sou o Dalai-Lama? Sabe, Howard, estávamos falando justamente sobre exagero, e acho que agora você está exagerando!

"De qualquer forma, acho que a auto-avaliação — o desenvolvimento de uma noção apurada e realista de si mesmo por meio da observação cuidadosa — leva a um maior autoconhecimento. E acho que o autoconhecimento é um fator crucial quando se fala de satisfação no trabalho. E pode ter até outros tipos de efeitos colaterais benéficos."

— Quais? — perguntei.

— Por exemplo — ele disse —, você acha que um dos problemas das pessoas no trabalho é se sentirem mal ou reagirem de forma muito negativa quando são criticadas pelos outros? Ou, mesmo não recebendo uma crítica direta, talvez dependam demais do elogio dos outros para a sensação de satisfação ou de valor, sentindo-se desestimuladas quando não recebem reconhecimento suficiente?

— Com certeza.

Essa era uma característica dos trabalhadores em todo o mundo. De fato, um estudo conduzido pelo International Survey Research constatou que duas das três principais prioridades dos trabalhadores do Reino Unido eram obter reconhecimento pelo seu desempenho no emprego e serem tratados com respeito.

— Agora é claro que — continuou o Dalai-Lama — ter autoconhecimento, ter uma visão realista da sua capacidade, não vai afetar o grau em que um indivíduo é criticado, mas pode afetar o modo como ele reage à crítica. Isso porque a visão realista dá uma certa sensação de autoconfiança, uma certa força interior. Ele sabe do que é verdadeiramente capaz e também sabe quais são as suas limitações. Por isso, é menos afetado pelo que as outras pessoas dizem. Assim, se é criticado, e a crítica é válida, ele pode aceitá-la mais facilmente e usá-la como uma oportunidade para aprender algo sobre si mesmo. Ao passo que, se sofre uma acusação injusta, não reage com tanto vigor porque no fundo sabe que não é verdade, ele se conhece. E, se a pessoa tem segurança para reconhecer suas próprias qualidades positivas interiores, suas aptidões e seu conhecimento, não precisa depender tanto do elogio dos outros para obter o sentimento de realização.

O Dalai-Lama concluiu explicando:

AUTOCONHECIMENTO

– Se você reconhece o valor imenso do autoconhecimento, mesmo que tente um certo tipo de trabalho ou de serviço novo e fracasse, a decepção será menor porque você pode considerar a experiência um meio de aumentar o autoconhecimento, um meio de saber melhor quais são ou não suas capacidades ou suas habilidades: você pode considerá-la quase como se estivesse pagando para fazer um daqueles exames de auto-avaliação. E, é claro, o autoconhecimento vai reduzir antes de mais nada a probabilidade de fracasso, pois você não vai assumir certas coisas por ignorância, certos tipos de trabalho além de sua capacidade. Portanto, quanto mais próximo você estiver da realidade, menos decepção e frustração experimentará. Elas desaparecerão.

O Dalai-Lama destaca corretamente a importância da consciência de si como fator-chave para a felicidade no trabalho. Seu conceito de consciência de si, entretanto, vai além de meramente saber quais são as aptidões ou os talentos específicos de alguém. Para ele, o autoconhecimento exige os elementos de honestidade e de coragem somados ao exame de si – implica chegar a uma avaliação apurada de quem se é, ver a realidade claramente, sem exagero ou distorção.

Os benefícios da avaliação de si apurada são claros. Em um estudo de 2002 conduzido por Barry Goldman, PhD, JD, professor de gerenciamento e planos de ação da Universidade do Arizona, pessoas com uma boa noção de identidade própria não só obtinham maior satisfação no trabalho, como também níveis mais altos de bem-estar e satisfação em geral na vida. O estudo de Goldman e de seus colegas definiu a identidade pessoal como "um estado psicológico que reflete o autoconhecimento e uma noção firme e coerente dos valores pessoais e da capacidade de manter as decisões diante da oposição dos outros". Desse modo, um autoconhecimento melhor foi associado à confiança do indivíduo em seu próprio julgamento, o que sugere que ele é menos afetado pela crítica injusta dos outros e depende menos do elogio dos outros para conseguir o sentimento de valor pessoal. Além de maior satisfação no trabalho e na vida, os pesquisadores constataram que os indivíduos com uma forte noção de identidade podem até desfrutar de outros benefícios, como ter menos brigas conjugais.

Da mesma forma que os efeitos benéficos do autoconhecimento são evidentes, os efeitos destrutivos de uma auto-imagem distorcida também são claros. O resultado negativo de uma auto-imagem distorcida pode ser amplamente demonstrado pelo simples exame de nossa vida e da vida das pessoas à nossa volta. No meu caso, por exemplo, esses efeitos destrutivos logo se tornaram evidentes não apenas em minha vida profissional passada como psicoterapeuta, mas também na minha vida pessoal, entre meus amigos e conhecidos. A baixa auto-estima e subestimar a nossa capacidade podem paralisar, sufocar a iniciativa pessoal e inibir o indivíduo para explorar novas atividades. Por fim, podem obstruir a realização do potencial pleno da pessoa e impedir o cumprimento de suas metas.

Uma auto-imagem inflada pode ser igualmente devastadora, já que o indivíduo está constantemente de mal com

AUTOCONHECIMENTO

um mundo que se recusa a vê-lo como ele mesmo se vê – no centro do universo, um gênio não valorizado em um mundo de mentecaptos. Sob muitos aspectos, entretanto, é mais fácil de superar a baixa auto-estima do que uma autoimagem inflada. As pessoas com baixa auto-estima tendem a se culpar por tudo, daí pelo menos reconhecerem com freqüência que têm um problema que precisa ser tratado. São muito mais propensos a buscar ajuda profissional para superar a baixa auto-estima ou os distúrbios a ela associados, como a depressão. Já as pessoas na extremidade oposta do espectro, com uma noção exagerada de seus dotes e talentos, tendem a culpar o mundo pelos seus problemas. Afinal de contas, eles são perfeitos; portanto, os outros devem estar errados. Com freqüência são incapazes de reconhecer o quanto sua arrogância e seu sentido de autoridade afastam os outros, e podem se indagar por que têm poucos amigos próximos. Embora suas realizações efetivas sejam modestas, quando não conseguem o reconhecimento imediato que consideram justo receber, logo abandonam um projeto e não conseguem perseguir suas metas.

Uma vez reconhecida a natureza destrutiva da arrogância, como é possível distingui-la da autoconfiança saudável? Em uma conversa que levou ao nosso primeiro livro, *A arte da felicidade: um manual para a vida*, perguntei ao Dalai-Lama como as pessoas poderiam saber se estavam sendo arrogantes ou se estavam apenas confiando em si mesmas. Ele respondeu que as pessoas que confiam em si mesmas têm uma base válida para sua confiança, têm aptidões e capacidades para sustentá-la, enquanto as arrogantes não se baseiam na realidade, não têm uma base válida para sua opinião inflada sobre elas mesmas. Lembrei ao Dalai-Lama que isso não seria uma distinção útil para pessoas arrogantes, já que elas sempre acham que têm uma base válida para a opinião sobre si mesmas. Reconhecendo a dificuldade de distinguir a confiança da arrogância, o Dalai-Lama finalmente deu de ombros, riu e fez uma piada: "Talvez a pessoa deva ir ao tribunal para descobrir se é um caso de arrogância ou de confiança!" Momentos depois, entretanto, ele ficou sério e observou que às vezes pode-se determinar isso com uma simples retrospectiva, considerando os resultados das ações, se elas no fim resultaram em benefício ou dano para os outros e para si mesmo.

O primeiro passo para superar a arrogância e a auto-imagem inflada é reconhecer o quanto elas são prejudiciais, e para isso às vezes precisamos analisar o resultado de nossas atitudes e de nossas ações. A abordagem retrospectiva talvez não mude em nada os resultados de nossos erros passados, mas com certeza pode nos motivar a reavaliar nossas atitudes, a progredir rumo a uma compreensão mais acurada de nós mesmos, a desenvolver maior autoconhecimento e, dessa forma, a orientar nosso futuro para uma direção positiva.

Fred serve de modelo para os efeitos prejudiciais da auto-imagem inflada. Conheci-o há algum tempo, após eu ter dado uma palestra a um grupo de escritores locais. Depois de minha palestra, Fred, um homem magro e bem vestido, na faixa dos quarenta e cinco anos, abordou-me quando eu estava indo embora para me pedir conselhos. Com um ar professoral e de quem se sente superior, apresentou-se como amigo de uma amiga minha. Começou recitando suas credenciais acadêmicas, que estavam longe de ser impressionantes. Aparentemente, demonstrara um talento acadêmico precoce como estudante brilhante, formando-se aos dezenove anos com uma média alta em uma universidade de prestígio. Embora até aquele momento de sua vida ele não tivesse realizado o potencial da juventude, destacou sem demora que se sentia capaz de grandes feitos literários. Explicando-me que tinha uma idéia maravilhosa para um livro, baseada numa pesquisa que fez na graduação, de repente e sem cerimônia sacou uma pilha de folhas soltas de sua pasta, declarando que aquilo era parte do material que planejava incluir no livro.

Em poucos minutos ele havia me pedido não apenas para ler e criticar o material, como também tinha me perguntado se havia algo que eu pudesse fazer para ajudá-lo a encontrar um agente literário ou um editor. Disse-lhe que sem dúvida esperava que ele tivesse sucesso, mas expliquei que minha agenda estava muito cheia naquele momento para atender a seu pedido. Além do mais, continuei, havia bastante gente – professores de inglês ou editores profissionais – muito mais qualificada para criticar o material. Impávido, ele continuou a me pressionar e, como era amigo de uma amiga minha, relutando concordei em me sentar com ele por uma hora ou duas e oferecer os conselhos que pudesse.

Fomos até um banco ao ar livre e comecei lendo as primeiras vinte páginas do topo da pilha para ter uma noção de seu trabalho. *Essa coisa é muito boa,* pensei enquanto folheava o material, mas, mesmo para meu olhar destreinado, parecia longe de estar pronto para ser submetido a um editor. A seguir, expliquei em detalhes o processo de publicação de um livro, dando instruções precisas sobre como escrever uma sinopse do livro, o primeiro passo. Também dei o nome de alguns agentes literários que eu conhecia e uma pequena lista de bons livros sobre o que fazer para conseguir publicar uma obra.

Concluí com palavras de estímulo, mas sublinhando a importância da persistência, que, na minha opinião, é a chave do sucesso. Descrevi como, no meu caso, *A arte da felicidade* foi rejeitado por dúzias de agentes literários e editores por vários anos e descrevi como era difícil para um autor ser publicado pela primeira vez. Depois de quase duas horas, por fim, desculpei-me e fui embora, comentando animadamente: "Não desista!", enquanto acenava lepidamente e escapulia.

Mas a coisa não acabou aí. Nas semanas seguintes, depois de conseguir meu telefone com minha amiga sob algum pretexto, ele me telefonou várias vezes em horários inconvenientes, prendendo-me em longas conversas sobre as idéias para seu livro. Depois de quatro ou cinco dessas discussões, finalmente falei claro, informando-o de que, embora desejasse que tivesse sucesso, naquele momento eu tinha muitos outros compromissos para ter condições de passar mais tempo ajudando-o no projeto do livro. E repeti mais uma vez meu conselho anterior, dando instruções ainda mais explícitas sobre o protocolo para escrever uma sinopse do livro, o procedimento para encontrar um agente literário e sobre mais diversos livros sobre o assunto. Depois disso não tive mais notícias dele.

AUTOCONHECIMENTO

Passados muitos meses, encontrei a minha amiga que Fred conhecia. Perguntei sobre Fred e sobre como andava seu livro. Minha amiga pediu desculpas imediatamente, dizendo que o conhecia há anos, mas que mais de uma vez ele havia provocado problemas usando o nome dela para se apresentar às pessoas, às quais logo pedia favores pessoais, como se lhe devessem aquilo. Ela me alertou que Fred certamente usaria meu nome para se apresentar aos agentes literários que eu havia mencionado. A seguir, relatou que o vira recentemente e contou as novidades. Aparentemente, ele havia colocado o projeto "em compasso de espera". De fato, havia telefonado para os agentes que mencionei, e para mais um ou dois outros. Em todos os casos, conseguiu chegar ao agente usando nomes de pessoas e, como era de esperar, todos os agentes solicitaram que mandasse uma sinopse do livro. Até aquele momento, Fred não havia enviado.

Surpreso, perguntei à minha amiga por que ele não havia prosseguido em seu projeto, já que conseguir que um agente simplesmente olhe uma sinopse já é uma façanha na competitiva indústria editorial de hoje. Ela então contou que Fred achou que os agentes deveriam ter ficado mais entusiasmados com sua idéia e ser capazes de decidir se estavam interessados ou não em representá-lo com base em sua descrição do livro pelo telefone. Além disso, ela disse, Fred havia mencionado que escrever um livro, ou mesmo escrever uma sinopse do livro, implicaria muito tempo e esforço. Ele não estava disposto a perder esse tempo e esse esforço em uma simples especulação – ele achava que deveria ter um contrato assinado e obter algum grande adiantamento em dinheiro antes de dedicar seu precioso tempo ao projeto.

Não é preciso dizer que Fred é um exemplo clássico de como uma noção exagerada de nossos talentos, de nossas capacidades e de nossas aptidões pode sabotar nossos esforços para atingirmos nossas metas. Mas, quer sejamos impedidos de atingir nossas metas por superestimar, quer por subestimar nossas capacidades e aptidões, restam poucas dúvidas de que, quanto maior nosso autoconhecimento e nossa consciência de nós mesmos, mais nossa autoimagem corresponderá à realidade e mais felizes seremos no trabalho ou em casa.

Capítulo 7
TRABALHO E IDENTIDADE

Poucas coisas são tão devastadoras na vida de um indivíduo quanto perder o emprego. Naquele que parece o mais amplo estudo sobre a satisfação com a vida – uma pesquisa junto a 169.776 pessoas em dezesseis nações –, o cientista político Ronald Inglehart constatou que o desemprego era um dos poucos fatores que causavam redução significativa de satisfação com a vida.

– Existem provas claras de que o desemprego está ligado à infelicidade – foi a primeira coisa que eu disse ao Dalai-Lama certa tarde. – O desemprego é um problema significativo no mundo todo, e gostaria de saber se o senhor tem alguma opinião formada sobre o assunto.

— Só quando me familiarizei mais com as sociedades ocidentais é que ouvi falar pela primeira vez do impacto imediato do desemprego sobre as famílias e os indivíduos. E, quando ouvi falar disso, fiquei um pouco surpreso, pois jamais ouvira falar do problema antes. Na língua tibetana nem mesmo temos uma palavra para desemprego.

— Por quê? — perguntei com alguma surpresa.

— Por exemplo, quando nós dois falamos sobre emprego ou serviço, em geral estamos falando sobre o emprego comum, de oito horas por dia, que se vê com muita freqüência nos países ocidentais. Esse conceito era completamente estranho à sociedade tibetana tradicional. Claro que não estou falando dos muitos tibetanos modernos que vivem no Ocidente ou em ambientes urbanos. Mas, na sociedade tibetana tradicional, os indivíduos eram basicamente agricultores, pastores de animais ou mercadores. A idéia de um horário de trabalho determinado simplesmente não existia. No Ocidente, as estruturas sociais e as condições econômicas são tais, que esse tipo de emprego é parte integrante do conceito de trabalho.

— Entre os tibetanos, pelo menos tradicionalmente, as condições econômicas são tais que o emprego de oito horas por dia não é realmente importante. No Tibete, ou você é fazendeiro, ou é nômade, ou é mercador. O trabalho é sazonal. Como esse é o padrão ao qual estão acostumados, ele é considerado natural. Por isso, se você observar as pessoas que vivem aqui em McLeod Ganj[8], muitas ago-

---

8. McLeod Ganj, uma aldeia na encosta de uma montanha na área da cidade indiana de Dharamsala, é o lar de uma comunidade tibetana no exílio.

ra possuem lojas e várias outras ocupam-se com o tipo tradicional de comércio sazonal em cidades indianas. Durante a temporada, elas trabalham muito e, quando terminam, voltam para casa e não têm emprego. De fato, certa vez sugeri que organizássemos, para o período fora da temporada, algum tipo de programa de emprego, como cardar lã ou algodão, ou outro tipo de serviço. Mas eles não têm qualquer vínculo com a idéia de desemprego, por isso minha sugestão causou pouco impacto.

O Dalai-Lama esfregou o queixo, perdido em pensamentos.

– Claro que na sociedade moderna, e em particular nas nações industrializadas, a questão do desemprego é uma situação muito difícil. – Ele suspirou. – Não existem respostas fáceis. Não sei. Não há outra alternativa a não ser tentar reagir e fazer o máximo esforço para achar outro trabalho. Não há nenhuma outra solução.

– Entretanto, nesse caso, a atitude básica do indivíduo novamente desempenha um papel muito significativo e pode fazer grande diferença no modo como ele reage. Embora possamos não ter controle sobre a situação, temos algum controle sobre nossa atitude. Por isso, precisamos primeiro perceber que incerteza e mudança fazem parte da economia moderna, especialmente na questão do emprego. É um problema sério, mas é um fato que precisamos aceitar. Não existe garantia de que o emprego existirá amanhã ainda que estejamos trabalhando hoje. Portanto, se entendermos isso antecipadamente, talvez possamos reagir de uma maneira diferente na hora em que acontecer. Não nos sentiremos tão surpresos, como se fôssemos os únicos escolhidos. Vamos entender que a perda de emprego envolve muitos fatores, é resultado de muitas causas e condições. Vamos entender que, em muitos casos, pode até ter raízes em questões econômicas globais. Desse modo, não ficaremos tão transtornados pensando que se trata de um problema pessoal, nem olharemos à nossa volta em busca de alguém para culpar pelos nossos problemas. Só isso já pode ajudar a reduzir nossa agitação mental. Claro que estamos falando aqui do desemprego que é conseqüência de uma causa maior ou de cortes de pessoal, e não de dispensas provocadas pela própria incompetência.

"Portanto, pode haver diferentes maneiras de os indivíduos reagirem aos desafios da mudança. O importante é reconhecer o fato e tentar calcular a melhor maneira de enfrentar o problema imediato em si. Por exemplo, se você precisa do emprego como meio de sustento e fica desempregado, então todos os seus esforços devem destinar-se a procurar uma nova ocupação, de modo a garantir seu sustento. Mas existem duas reações diferentes. Uma pessoa pode sentir-se desmoralizada e ficar como que paralisada, pensando: *Não há esperança, perdi meu emprego, o que vou fazer?* E outras, na mesma situação, podem considerar a ocasião uma oportunidade para fazer algumas mudanças. Um desafio. Essa é a maneira mais positiva, uma maneira mais proativa de lidar com o problema. Mas claro que não é fácil.

"Pode haver também outras maneiras que ajudem pelo menos a diminuir a ansiedade mental para lidar com a situação, de modo a permitir que a pessoa use toda a energia mental para encontrar um novo trabalho. Para os budistas

TRABALHO E IDENTIDADE

existem certos processos de pensamento e considerações que são úteis, a crença no carma, por exemplo, e, em última análise, assumir a responsabilidade pelo próprio carma. Embora esse tipo de atitude mental não tenha qualquer efeito em termos de resolver a situação fisicamente, pelo menos ajuda a aliviar o efeito psicológico provocado pela perda do emprego e tudo o mais. E, claro, adeptos de outros sistemas religiosos também podem obter o mesmo consolo em suas próprias crenças.

"Devo mencionar ainda que, tratar de conceitos como carma, pode ser potencialmente perigoso se estes assuntos não forem entendidos adequadamente. Porque, em alguns casos, as pessoas com entendimento apenas parcial do carma podem se tornar muito fatalistas. No entendimento delas sobre carma, o que quer que aconteça está fadado a acontecer de qualquer maneira, como se o indivíduo não tivesse voz ativa, nenhum papel específico no curso de sua vida. Mas é um entendimento errado. E, nesse tipo de leitura fatalista do carma, esses conceitos religiosos podem se tornar realmente o que os comunistas chineses dizem – que a religião é um instrumento dos aproveitadores, pois os aproveitadores podem dizer: 'O que você está sofrendo no momento é o que você merece, é seu carma'."

O Dalai-Lama estava certo ao apontar o perigo potencial da má compreensão do conceito de carma, pensei. Entre os ocidentais, notei com freqüência o fenômeno que ele descreveu: a inclinação a culpar o indivíduo por seus infortúnios, ou a ver o carma como simples destino, associado a uma sensação de resignação e desesperança. Se você perde o emprego, a culpa é sua – você deve ter feito al-

◆

159

guma coisa muito ruim em uma vida passada; ou: *Perdi meu emprego, mas não há realmente nada que eu possa fazer a respeito – simplesmente é meu carma.*

Essas concepções errôneas devem-se freqüentemente ao fato de a noção de carma basear-se na lei de causa e efeito, a teoria de que as circunstâncias atuais são resultado de ações passadas, seja nesta vida ou em uma vida anterior. Mas o que muitos indivíduos deixam de levar em conta é o componente ativo do carma. De fato, a raiz da palavra sânscrita carma significa "ação". E da mesma forma como as ações passadas podem ter contribuído para as atuais circunstâncias de alguém, as ações presentes desse alguém podem mudar seu futuro. Além disso, o conceito budista de carma é muito mais sofisticado do que seu conceito em geral no Ocidente. Por exemplo, as atuais experiências de alguém são resultado de uma interação complexa de "ações" físicas, verbais e mentais do passado. Por meio de atos impuros no passado, pode-se ter lançado as bases para conseqüências negativas, plantado as sementes para o infortúnio futuro. Entretanto, por meio de atos virtuosos e da motivação correta, também é possível melhorar a manifestação das conseqüências.

Portanto, após um alerta contra a interpretação errônea do conceito de carma, o Dalai-Lama retornou rapidamente ao assunto em pauta.

– Há uma outra questão importante quando se lida com esse tipo de problema e com a perda do emprego ou mesmo a aposentadoria. É relacionada à auto-imagem. Algumas pessoas identificam-se tão intensamente com seu papel no trabalho, seu conceito de si mesmas está tão mis-

160

TRABALHO E IDENTIDADE

turado ao papel que desempenham ou às vezes ao montante de dinheiro que ganham, que, quando perdem o emprego, é como se deixassem de existir. São pessoas cujos valores enfatizam mais o dinheiro, ou a fama, ou esse tipo de coisa, em vez de enfatizar os valores interiores, as boas qualidades humanas essenciais. Para dar um exemplo: conheci alguns funcionários do governo indiano e tibetano ao longo dos anos e tive a oportunidade de observar como eles reagiam de modos diferentes à perda do emprego e em especial à aposentadoria. Entre esses funcionários, a identidade própria de alguns baseava-se primordialmente em seu cargo, e sua posição significava para eles uma espécie de refúgio. Em muitos casos, esses funcionários maltratavam os subordinados e em geral deleitavam-se com seu poder e sua posição ou abusavam do poder.

"Em contrapartida, conheci outros cuja identidade aparentemente se baseava mais em qualidades e características humanas essenciais e consideravam-se apenas uma boa pessoa, uma pessoa honesta, uma pessoa modesta, e tratavam os subordinados de acordo com esses princípios. A seguir, vi o que acontece quando eles não têm mais emprego. Com freqüência, os indivíduos da primeira categoria não se saem bem nessa situação. São abandonados por aqueles que maltrataram, e uma vez sem emprego é quase como se encolhessem fisicamente, não têm nenhuma noção de identidade, nenhuma noção de valor. Os outros fazem bem a transição. Continuam a ser respeitados pelas demais pessoas, bem como por si mesmos, ainda confiam neles mesmos, e os que se aposentam consideram a aposentadoria uma oportunidade para explorar coisas novas.

◆

Reagem à situação com mais entusiasmo. Querem experimentar coisas que sempre pensaram em fazer, mas para as quais nunca tiveram tempo. Portanto, pessoas diferentes parecem reagir às mesmas circunstâncias e situações de maneiras muito diferentes."

– Sei exatamente o que o senhor quer dizer – falei. – Quando trabalhava com psicoterapia individual, deparei com pacientes que haviam perdido o emprego, ou se aposentado, o que podia levar a uma grave depressão clínica. Vi presidentes poderosos de empresas que haviam perdido o emprego, e, se a identidade deles se baseava principalmente no trabalho, eles se tornavam quase que fantasmas vivos. – Então – perguntei –, se o senhor fosse aconselhar as pessoas, o que diria, qual seria sua advertência para as que se identificam muito intensamente com seu emprego.

– Eu as advertiria de que são incrivelmente tolas e estúpidas. – Ele riu. – Não há muito mais a dizer, a menos que as pessoas realmente estejam dispostas a mudar sua atitude básica. Mas a maneira sábia de evitar, talvez não o problema da perda de emprego, mas pelo menos a agitação mental que ele pode causar, é melhorar a auto-imagem, tentar ver a si mesmo primeiro como um ser humano, com capacidade para a amizade, a bondade, etc., e a seguir perceber que se possuem diferentes papéis, além do papel no trabalho: pode-se ser pai, ou filho, ou irmão, ou irmã, pode-se ter outros interesses ou passatempos. É necessária uma abordagem mais equilibrada da vida. Não existe apenas o emprego ou o dinheiro que se ganha.

"Portanto, ao procurar trabalho, ou se você está empregado, é importante ter em mente que um ser humano não se destina a ser uma espécie de máquina planejada apenas para produzir. Não. A vida humana não é apenas trabalho, como na visão comunista, na qual o propósito de todos é apenas trabalhar para o Estado e na qual não existe liberdade individual, na qual o Estado trata até das férias da pessoa e planeja tudo. Essa não é uma vida humana plena. A individualidade é muito importante para uma vida humana plena, e, portanto, há necessidade de período de lazer, férias e tempo para passar com a família ou os amigos. Esses são os meios para uma vida completa. Portanto, se alguém pensa apenas em dinheiro, à custa de outros valores humanos, de boas qualidades humanas... não, não, não", ele repetiu enfaticamente. "Se a sua vida torna-se apenas um meio de produção, grande parte dos bons valores e das características humanas se perdem, e desse modo você não vai, não pode, se tornar uma pessoa completa.

"Por isso, se você está procurando trabalho e tem como escolher um emprego, escolha um em que possa fazer algo criativo e passar algum tempo com a família. Mesmo que isso possa significar ganhar menos, pessoalmente acho que é melhor escolher um emprego que exija menos, que proporcione maior liberdade, mais tempo para estar com a família ou fazer outras atividades, ler, envolver-se em atividades culturais ou apenas se divertir. Acho que é melhor."

Como sempre, o Dalai-Lama concluiu com uma nota prática. Mas nem sempre é fácil praticar a prática. Pouca gente discordaria de que é melhor não investir toda a identidade no emprego, mas não é tão fácil seguir esse conselho.

Anos atrás, quando eu ainda trabalhava com psicoterapia, o ex-presidente de uma empresa poderosa na área de mídia apresentou-se para tratamento com um quadro completo de sintomas clássicos de depressão: fadiga, insônia, perda de apetite, incapacidade de sentir prazer, disforia – a imagem rematada de um homem deprimido, que havia perdido o interesse por tudo e era atormentado por sentimentos de inutilidade, de desesperança. Usava roupas caras, era um homem de aspecto distinto, aparentando bem menos idade que seus setenta e dois anos, mas a barba por fazer e o cabelo em desalinho deixavam em seu semblante uma marca nítida e inconfundível de depressão.

Falando em voz baixa e monótona, o homem descreveu como começando do nada, ergueu uma corporação de mídia muito bem-sucedida, que ele recentemente havia decidido abandonar. Sua companhia fora vendida para um enorme conglomerado multinacional alguns anos antes, e, embora tivesse ganhado uma fortuna com a venda, ele pedira para continuar a dirigir a empresa. Mas, depois de uns dois anos, seu poder foi diminuindo, pois as grandes decisões não estavam mais em suas mãos. Finalmente, a matriz fez uma aquisição que ele percebeu que afetaria os lucros de sua divisão; sentindo sua posição e seu poder desaparecerem, ele decidiu sair.

O diagnóstico desse homem era claro e evidente, e era fácil identificar o principal "fator psicossocial de estresse" que havia desencadeado a forte depressão: a perda do papel no trabalho fora um ataque à sua identidade. O plano de tratamento era igualmente claro: auxiliá-lo no processo de adaptação à nova situação, e ao mesmo tempo ajudá-lo a reconhecer e a acolher os muitos outros aspectos de sua vida que haviam desempenhado papel importante na formação de sua noção do eu, de sua identidade. *Vai ser fácil*, pensei depois de elucidar mais detalhes de sua história. Seus recursos sociais fabulosos e muitas outras facetas de sua vida poderiam ser nutridos e cultivados. Ele era marido, pai, avô. Estivera ativamente envolvido com diversas entidades assistenciais, ainda participava do conselho consultivo de mais de uma delas, e, antes de a depressão provocar uma redução em suas ocupações costumeiras, seu engajamento o motivavam muito. Havia até ocupado o cargo de professor em meio período em uma prestigiosa universidade.

Entretanto, depois de várias sessões, tornou-se óbvio que a intervenção terapêutica não seria tão fácil quanto eu havia previsto inicialmente. Sessão após sessão, ele continuava a se entregar à ruminação incessante e a reclamações sobre os ex-colegas e o mau estado de sua empresa. Ele continuava a se concentrar unicamente na antiga posição, excluindo os demais aspectos de sua vida. Ficou evidente que eu havia subestimado o grau em que a identidade dele estava vinculada ao trabalho e ao *status* e poder que o acompanhavam.

Claro que fiz uma tentativa bem-intencionada de ajudá-lo a melhorar sua auto-imagem e a olhar para todas as outras áreas de sua vida, de ajudá-lo a apreciar a riqueza e generosidade que a vida lhe proporcionara. Fui, porém, malsucedido. A medicação que lhe recomendei resolveu seus sintomas de depressão em poucas semanas; seu nível de energia, de concentração, e o apetite, o sono logo voltaram a seus padrões anteriores. Mas existe uma diferença entre felicidade e mera ausência de depressão. Depois de uma vida inteira investindo sua identidade no trabalho, ele jamais seria capaz de abrir mão daquilo e transferir a identidade para as outras possíveis fontes de realização em sua vida. Pelo menos não durante o período em que o tratei.

Por sorte, contudo, ainda existe esperança para a maioria de nós, especialmente se nos adiantarmos e não esperarmos o fim de nossa carreira para cultivar uma noção mais ampla de quem somos. Com boa vontade, atenção e um pouquinho de esforço, cada um de nós tem a capacidade de desenvolver estratégias para expandir sua própria identidade para além do local de trabalho.

Não faz muito tempo, uma amiga minha, Lena, descreveu um método que usou por algum tempo para superar o medo de perder o emprego e para ajudá-la a separar sua identidade pessoal do seu papel no trabalho.

– Cheguei a um ponto de minha carreira em que toda a minha vida girava em torno do emprego. Eu ficava bem quando as coisas estavam bem e mal quando as coisas iam mal no trabalho, e minha vida social ficou em segundo plano. Depois que progredi e fui promovida várias vezes, a competição aumentou, e, se você perde um emprego desse nível, é muito mais difícil encontrar outro equiparável. Comecei a ter dificuldade para dormir e me tornei mal-humorada porque vivia superpreocupada com a possibilidade de perder o emprego. Tive grandes surtos de ansiedade por causa disso. Tinha me perdido e era preciso fazer alguma coisa. Precisava de algum meio de desvencilhar minha identidade do meu trabalho. Então comecei a imaginar todos os dias como seria minha vida se eu fosse despedida. Visualizava como seria a reunião com meu chefe quando eu fosse mandada embora, como meus colegas me tratariam depois (como se eu estivesse com peste, tenho certeza), se as pessoas continuariam a ser minhas amigas ou se fugiriam de mim depois que eu perdesse minha posição de destaque.

"Pensava como eu acharia outro emprego e como seria se não fosse na minha área de trabalho e se eu tivesse de voltar a servir mesas ou algo assim. Depois de anos fazendo isso com determinação, comecei a perceber que, embora eu pudesse perder *status* e renda, ainda seria capaz de encontrar meios de me sustentar, e comecei a relaxar. Lembrei que meus papéis de amiga, irmã, esposa, tia e conselheira de pessoas mais jovens eram igualmente importantes. De fato, pensei bastante sobre todas as outras coisas que faziam minha vida valer a pena. Sabe, acho que isso me deixou até mais criativa no trabalho – ela relatou.

– Como eu não estava mais com medo de perder meu emprego, tornei-me mais franca e disposta a correr riscos que acabaram valendo a pena."

Claro que Lena não é a única. Para muitos de nós, as exigências profissionais são tão absorventes que às vezes é fácil perder de vista o que faz a vida valer a pena. Mas vale a pena lembrar o que vale a pena, e talvez tenhamos que nos lembrar disso firmemente, como Lena, antes de investir toda a nossa identidade e propósito de vida em nosso papel de profissional.

A ARTE DA FELICIDADE NO TRABALHO

Alguns podem considerar a efetivação no cargo de professor universitário ou um posto na Suprema Corte de Justiça dos Estados Unidos a última palavra em estabilidade no emprego; mas, comparados ao Dalai-Lama, esses indivíduos estão por um fio no trabalho. O Dalai-Lama não só está garantido em sua posição por toda a vida, como também tem o mesmo emprego garantido para inúmeras vidas futuras. Isso sim é estabilidade no emprego.

Apesar de seu papel celebrado e altamente visível de personalidade espiritual mundial, líder do povo tibetano, ou ganhador do prêmio Nobel da Paz, eu soube por muitas conversas anteriores que ele se identifica mais intensamente com o papel de "simples monge budista". Com base em anos de observação, cheguei à conclusão de que ele é um homem genuinamente humilde, que de alguma forma conseguiu evitar de ser apanhado pelas armadilhas exteriores de seu título ou de sua designação de Dalai-Lama, ele é alguém que se considera verdadeiramente apenas um monge comum.

Como a identidade pessoal do Dalai-Lama parecia ligada a seu papel de monge, pelo menos em certa medida, e como estávamos discutindo assuntos relacionados à perda do emprego e a trabalho e identidade, ocorreu-me uma questão: como ele reagiria se, de repente, de algum modo, tivesse que largar o "emprego" de monge. Claro que era uma questão puramente teórica – na realidade, era algo praticamente impossível de imaginar. Mas àquela altura eu já estava acostumado a uma alfinetadinha ocasional inocente devido às minhas perguntas absurdas ou tolas, por isso não me senti impedido de questionar.

TRABALHO E IDENTIDADE

– Já falamos sobre a identidade pessoal. O senhor mencionou que pode haver muitos níveis de identidade de si de um indivíduo, mas, no seu caso, dentre todos seus vários papéis, o senhor parece relacionar-se mais intensamente com o de monge. De certo modo, esse papel parece mais fundamental para sua identidade do que sua designação de 'o Dalai-Lama'. O senhor me contou certa vez, por exemplo, que mesmo em sonhos via a si mesmo como um monge...

– Certo – ele assentiu.

– Só como suposição: imagine o senhor uma situação em que perdesse o emprego de monge. Em outras palavras, digamos que o senhor ainda pudesse fazer a meditação diária e as práticas espirituais, levar uma vida simples, etc. mas não pudesse usar o manto ou participar de qualquer ritual como monge, e não pudesse fazer parte de uma comunidade monástica. E digamos que o senhor tivesse de ganhar o seu sustento fazendo alguma outra coisa. O senhor pode imaginar como se adaptaria a esse tipo de circunstância? Que tipo de trabalho desejaria fazer?

Ciente da improbabilidade de Dalai-Lama sair à rua em busca de um novo trabalho, preparei-me para um pouquinho de zombaria gentil a respeito de minha tendência a fazer perguntas "irrelevantes", "absurdas" ou "tolas". Mas, para minha surpresa, ele pareceu levar a pergunta muito a sério. De fato, a expressão de seu rosto ficou invulgarmente grave (bem, quase grave), enquanto ele sacudia a cabeça pensativamente e respondia: – É... de fato, li há pouco tempo um texto tibetano de um grande mestre budista que viveu no fim do século XIX e começo do século

◆

169

XX, e nesse texto ele dava conselhos aos estudantes. Dizia que era importante que entendessem qual é a verdadeira essência da espiritualidade. Alertava-os de que, reconhecendo a verdadeira essência da prática budista, eles não acabariam presos às formas externas da prática, como recitar mantras, fazer circum-ambulações, prostrar-se, etc. Claro que esses são aspectos da prática espiritual budista, mas não sua essência. A essência da prática budista é na verdade efetuar a transformação interior por meio do treinamento espiritual da mente. E acho que ainda se pode praticar a essência, o âmago, mesmo sem as formas externas.

"O autor prosseguia encorajando os estudantes de maior capacidade, aqueles que tinham os ideais espirituais mais elevados, a viver como eremitas em regiões isoladas, na solidão. Citava extensamente as 'canções da experiência' muito inspiradoras escritas por Milarepa. Enquanto eu lia aquilo, fiquei muito comovido com algumas passagens, especialmente as que diziam que se deve 'viver sem lugar certo, de maneira impecável, com dedicação impecável à prática da meditação', etc. Ao ler esse texto, lembrei-me de quando eu era mais jovem, quando tinha um grande desejo e me sentia muito tentado pelo ideal de viver como um eremita – 'como um animal ferido que se recolhe à solidão', como se diz em tibetano.

"Claro", continuou o Dalai-Lama tristonhamente, "que, embora a leitura de tais passagens reavivasse meu desejo, logo me dei conta de que hoje estou com sessenta e tantos anos. Muito tempo se passou. Além disso, tenho muitas responsabilidades devido ao título de Dalai-Lama. E, mesmo que eu viesse a escolher aquele tipo de vida, em solidão, não sei se teria capacidade de cozinhar para mim ou até de fazer uma xícara de chá." Ele deu uma risadinha. "Além do mais, pensei nas muitas considerações práticas, nas questões de segurança, o que eu faria se alguém viesse me fazer mal. Todas essas coisas tornariam muito difícil eu viver como um eremita a esta altura da vida."

O Dalai-Lama ficou em completo silêncio por algum tempo, perdido em pensamentos íntimos, ponderando talvez sobre o rumo de sua vida, não sei. Mas logo despertou do devaneio e acrescentou:

– De qualquer forma, se eu fosse mais jovem e minha condição de vida fosse diferente, é isso que eu gostaria de fazer. Sua pergunta me fez recordar dessas coisas. E, para responder à sua pergunta sobre escolher um tipo alternativo de ocupação ou de vida se minha situação fosse diferente, a única coisa que me vem à cabeça é viver como eremita. Exceto essa, não tenho nenhuma outra idéia, nunca me ocorreu nenhum pensamento nesse sentido.

Por ocasião dessa conversa, senti que a situação e as circunstâncias do Dalai-Lama eram tão singulares que muito pouco do que ele disse poderia aplicar-se ao resto de nós. Afinal de contas, mesmo ignorando sua posição como o único Dalai-Lama do mundo, poucos de nós são monges, e um número ainda menor consideraria a vida de eremita a única alternativa ao atual emprego. Mais tarde, entretanto, ao repassar mentalmente a nossa conversa, não fiquei tão convencido da impossibilidade de as idéias dele se aplicarem a nós. Ocorreu-me uma idéia chave: *extrair a essên-*

A ARTE DA FELICIDADE NO TRABALHO

cia de um papel ou atividade específicos e vincular a identidade a essa essência em vez de aos ornamentos externos da posição. No caso do Dalai-Lama, o trabalho de um monge é a prática espiritual. As suas atividades ou obrigações externas profissionais implicam certos rituais, recitações, uma certa maneira de se vestir e de se comportar. A essência implica desenvolvimento interior. Ele deixou claro que, mesmo que tivesse de renunciar às formas externas, ainda poderia ser feliz recolhendo-se à solidão e continuando a praticar a essência.

Talvez isso fosse algo que, no fim das contas, pudesse se aplicar a outras pessoas. O exemplo anterior de Lena ilustra como uma pessoa pode descobrir técnicas para expandir sua auto-imagem além dos limites do local de trabalho. No seu caso, ela descobriu que a visualização e a representação mental de seus piores temores tornando-se realidade, acompanhados de uma reflexão consciente sobre os vários papéis que desempenha em sua vida, papéis esses não relacionados ao trabalho, eram uma estratégia eficiente para superar uma identidade de si baseada no trabalho.

Mas aparentemente o Dalai-Lama acrescentou uma outra dimensão em termos de descobrir estratégias eficientes, dando de fato um salto quântico. Sob certos aspectos, pode-se conceituar a técnica de Lena como uma ampliação da auto-imagem por meio de "expansão externa" – avaliando as circunstâncias de sua vida para encontrar outras partes de si mesma além do local de trabalho. Esses outros papéis podem estar associados a relacionamentos – esposa, mãe, filha, irmã ou amiga – ou a atividades – passatempos, interesses, esportes, trabalho voluntário. O método do Da-

TRABALHO E IDENTIDADE

lai-Lama, por outro lado, implica ampliar a identidade por meio de uma "expansão interna" – indo ao âmago, avançando até um nível mais profundo e fundamental por meio da descoberta da essência do papel ou da atividade específicos. Com base nessa perspectiva, a essência da função de esposa, mãe ou amiga é o amor e a afeição humanos. A essência de um passatempo, como estudar uma nova língua ou aprender novas receitas culinárias, pode ser o amor pelo aprendizado. A essência de outros interesses, como pintar ou esculpir, pode ser a apreciação do belo. Já a essência de atividades esportivas, como o golfe ou o basquete, pode ser o exercício de habilidades ou o cultivo de uma boa saúde. Nesse sentido, a essência do trabalho pode ser a garantia da sobrevivência, claro, mas também implica contribuir significativamente para o bem dos outros ou da sociedade.

Parece razoável que, ao basear a identidade na essência em vez de na forma externa, a probabilidade de se ficar arrasado com a perda de qualquer papel ou emprego diminua – afinal de contas, a essência é portátil e pode ser transferida para qualquer atividade, qualquer relacionamento, passatempo ou emprego.

Sim, quanto mais eu pensava, mais aquela me parecia uma abordagem sensata para evitar as conseqüências destrutivas de investir excessivamente a identidade no trabalho. Ainda assim, eu não estava inteiramente convencido da eficiência desse método ou da facilidade de usá-lo. Acho que terei de pensar mais a respeito. Quem sabe experimentá-lo eu mesmo.

Capítulo 8

MEIO DE VIDA CORRETO

Não faz muito tempo, almocei com um amigo, um jovem ator. Como a maioria dos atores, ele é pobre e batalhador, ainda está em busca do primeiro papel importante.

– Realmente adoro interpretar – ele declarou com entusiasmo. – Claro que não estou ganhando nenhum dinheiro, mas não desistiria por nada. É a minha vida.

Evidentemente, meu amigo havia encontrado sua vocação. Pessoa de sorte. – O que você adora no seu trabalho? – perguntei.

– Tem a ver com se expressar.

– Expressar o quê?

– Qualquer coisa. Expressar emoções – na minha profissão, posso usar tudo o que já experimentei, tudo o que já senti, e não há nada como estar no palco e expressar essas coisas para os outros. É uma sensação maravilhosa. Nossa conversa me fez lembrar de quando eu era mais jovem e queria ser artista. Passei quatro anos na escola de artes, adorando cada minuto, recebi por fim um diploma universitário em arte. Naqueles anos, tornei-me bastante entendido em desenho e gravura, mas meu maior interesse era a arte conceitual. Meu material favorito eram objetos que eu encontrava, os quais passava longas horas serrando, colando, grampeando, costurando e soldando em elaboradas montagens, obras-primas imortais em escultura – pelo menos na minha cabeça. Eu não desconhecia o estado de fluxo; ficava tão absorto em meu trabalho que com freqüência perdia a noção de tempo, trabalhando até tarde da noite. Quando não estava imerso na criação de uma gravura ou de uma escultura, passava o tempo em cafés ou bares com meus amigos artistas, todos nós cheios de bonomia ou de bourbon, bradando divagações sobre a arte e a vida, buscando criar um modo pessoal de expressão. É claro que nosso estilo singularmente original era muito influenciado por outros artistas, que eram influenciados por outros, que eram influenciados por outros. Nosso mundo era muito isolado, nosso trabalho era repleto de vagas referências a detalhes culturais ou de referências satíricas ao trabalho dos outros, ou de piadas internas obscuras, mas decididamente cheio de significado oculto – tão oculto que de fato era oculto para nós mesmos.

Vibrei no ano em que um de meus trabalhos foi selecionado para uma mostra competitiva de arte. Cheio de or-

MEIO DE VIDA CORRETO

gulho ao lado de minha obra na noite de abertura, ansiava por ouvir as avaliações dos outros sobre minha arte, a postos para as honras que certamente viriam.

Uma mulher idosa e robusta, com óculos de fundo de garrafa, um traje desbotado de algodão estampado, sapatos de solado grosso, carregando uma enorme sacola de náilon, parou para observar minha obra por um bom tempo. Ela tinha uma expressão curiosa no rosto, como se houvesse se perdido a caminho do bingo e não conseguisse entender direito como fora parar ali.

– Você é o artista? – ela perguntou delicadamente.

– Sou.

Acenando em direção à minha obra-prima, ela perguntou: O que significa?

– De fato, nada. É algo que criei, só isso.

Eu não estava mentindo. A maioria de meus colegas artistas, não partia realmente de uma mensagem coerente ou tentava transmitir um significado. Nosso trabalho não se propunha a instruir ou enaltecer. Era simplesmente uma reunião de imagens que por um motivo ou outro tocavam o artista. O significado vinha depois – qualquer significado que o observador quisesse atribuir à obra era problema dele. Um poderoso comentário sobre a bravura existencial pós-moderna na cruzada contra as incessantes partículas de poeira desengonçadas belgas movidas pela angústia. A eterna interação radical entre o espaço positivo e negativo de palhas de milho polares. Uma coisa amarela muito interessante no topo daquela coisa laranja felpuda. Quem se importa? O máximo que o artista podia esperar era evocar alguma emoção no observador. A emoção específica realmente não importava – podia ser inspiração, alegria, riso, tristeza, ansiedade, medo, nojo ou raiva. A escolha é sua. Fazia pouca diferença – embora nojo e raiva fossem as favoritas do público no meu tempo.

A senhora prosseguiu.

– Posso fazer uma pergunta?

– Claro.

– Bem, eu realmente gosto da sua obra, quero dizer, é interessante e tudo o mais...

Eu era todo ouvidos.

– Por isso não me leve a mal – ela conseguiu –, mas estou curiosa: isso realmente ajuda alguém? Só para saber: qual é a finalidade disso?

A pergunta não inspirava grande afeição pela mulher, e era algo que normalmente colocava o artista na defensiva. E era uma pergunta na qual eu não havia pensado muito.

– Ah... sei lá – eu disse, dando de ombros, impotente.

– Mas fico feliz que tenha gostado – falei, fugindo como se ela tivesse o vírus ebola.

Não muito depois desisti da arte para seguir carreira na medicina[9].

Ao longo de nossa série de conversas, pelo menos até o nosso último encontro, estivéramos concentrados primeiramente no exame de nossas atitudes implícitas a respeito do

---

9. Para não ofender aqueles que trabalham com arte, devo ressaltar que, com o passar dos anos, vim a reconhecer e apreciar a contribuição significativa das artes para nossa sociedade e para o mundo.

trabalho que já temos. Mas, ao levantar a questão de perder e escolher um emprego, havíamos mudado de uma orientação interna para uma externa – e na sessão desse dia me senti obrigado a desenvolver o tema com o Dalai-Lama, a examinar mais profundamente a natureza do trabalho que se faz e o impacto que ele tem sobre o mundo à nossa volta.

– Ontem o senhor mencionou alguns fatores que se devem levar em conta, pelo menos se for possível, na hora de escolher um trabalho. Hoje eu gostaria de continuar a discussão sobre a escolha da carreira, as atitudes com relação ao trabalho que levam em conta a natureza específica do trabalho que se faz.

"Ao longo da maior parte da história humana, as pessoas tiveram muito poucas chances de escolher um determinado tipo de trabalho. Elas nasciam e faziam basicamente o que seus pais faziam, lavoura, criação de animais, ou algum tipo de atividade manual. Portanto, historicamente não havia muitas escolhas, geralmente nascia-se em um ramo de trabalho específico. A mudança teve início por volta do século XVI na Europa, quando os jovens começaram a abandonar o campo e a rumar para as cidades. As pessoas começaram a escolher o trabalho que fariam, e esse tipo de mudança espalhou-se rapidamente ao longo dos últimos quinhentos anos. No Ocidente, hoje existe uma enorme variedade de empregos. Claro que em muitas partes do mundo há milhões ou mesmo bilhões de pessoas que ainda têm muito poucas opções, pessoas que vivem nas zonas rurais e em nações mais pobres. Mas, pelo menos nas nações industrializadas e nos centros urbanos, há uma ampla gama de opções de emprego.

"É possível que de certa forma isso esteja mudando nas últimas décadas, mas, quando há diferentes opções de emprego, com freqüência as pessoas ainda tendem a escolher simplesmente a que oferece mais dinheiro. É a primeira coisa que se leva em consideração. Ontem o senhor mencionou outros fatores que podem ser levados em conta para a escolha do trabalho – como a escolha de um trabalho que pague um pouco menos, mas que proporcione tempo livre com a família ou com os amigos. Por isso, minha pergunta é: o senhor acha que existem mais fatores que as pessoas devam levar em conta ao escolher o tipo de trabalho a que vão se dedicar? Fatores que o senhor não teria mencionado ontem?"

Depois de beber um pouco de chá, o Dalai-Lama respondeu:

– Se uma pessoa tem como escolher o tipo de trabalho que faz, então, falando em termos gerais, claro que seria melhor se escolhesse um trabalho que se ajustasse bem à sua índole e temperamento particulares. Para isso é necessário autoconhecimento, autoconsciência de si. Já falamos sobre isso outro dia. Como mencionei, uma pessoa também se sentirá menos frustrada e mais satisfeita no seu emprego se avaliar acuradamente seu conhecimento do assunto, suas aptidões e capacidade técnicas, certificando-se de que possui as qualificações corretas.

– Sim, é verdade – concordei –, e quanto a isso também existem consultores de carreira que podem ajudar as pessoas a descobrir quais são seus talentos naturais, em que tipo de trabalho elas podem ser boas. Mas me pergunto se, de sua perspectiva pessoal ou talvez de uma perspectiva

MEIO DE VIDA CORRETO

budista, existem outras considerações além de coisas como salário ou capacidades pessoais que uma pessoa deve levar em conta ao escolher o emprego que garanta uma felicidade mais profunda ou mais duradoura no trabalho.

– Existem sim – ele respondeu imediatamente. – Pode ser difícil aplicá-lo a todos, mas um fator que seria muito útil considerar é o benefício ou o dano provocado pelo trabalho que se faz. Da perspectiva budista, falamos sobre o conceito de "meio de vida correto". O conceito budista de meio de vida correto significa esforçar-se para se envolver em uma atividade que potencialmente não prejudique os outros, nem direta, nem indiretamente. O meio de vida incorreto com freqüência é descrito como qualquer meio de vida que implique explorar os outros, além de ações negativas como o embuste e a perfídia. No meio de vida incorreto, você apodera-se de coisas às quais não tem direito específico. Você tira coisas dos outros. Da perspectiva de um leigo, se o meio de vida em que você está envolvido não tem conseqüências prejudiciais diretas ou indiretas para os outros, ele pode ser considerado um meio de vida correto. O que o Buda parece ter enfatizado é que, ao buscar um meio de vida, você deve se assegurar de fazê-lo de uma maneira ética, sem prejudicar os outros, sem causar dano aos outros e sem agir por trapaça ou perfídia. Ele parecia mais preocupado com o meio com o qual você ganha a vida do que com a quantia de dinheiro que você ganha.

– O senhor menciona a importância de avaliar o benefício ou prejuízo potencial do tipo de trabalho que se faz – recapitulei, dando um novo rumo a seguir. – Outro dia o senhor mencionou que uma maneira de transformar

◆

A ARTE DA FELICIDADE NO TRABALHO

o trabalho em vocação era analisar a sua contribuição mais ampla. Digamos que um indivíduo esteja ficando entediado e decida rever sistematicamente as implicações mais amplas de seu trabalho. Por isso, em vez de apenas ficar parado em uma linha de montagem, apertando um botão o dia todo, ele começa a refletir sobre como suas ações contribuem para a sociedade, de modo que possa se sentir mais entusiasmado pelo emprego de novo, de modo que possa se sentir melhor a respeito dele. Então ele começa a analisar, mas aí descobre que o tipo de trabalho que está fazendo é definitivamente prejudicial ao ambiente. Ou digamos que ele faça uma peça usada em armas. Ao pensar nisso, ele percebe que seu trabalho não é produtivo, que de fato é destrutivo de algum modo. Contudo, talvez ele também não disponha de muitos recursos, não possa simplesmente largar o emprego e procurar um melhor, porque tem uma família para sustentar e não existem muitas outras indústrias na região. Gostaria de saber se o senhor poderia abordar esse assunto do ponto de vista de sua definição de meio de vida correto.

   O Dalai-Lama ficou em silêncio, passando a mão instintivamente pela cabeça raspada enquanto revolvia o dilema em sua mente.

   – Esta é uma questão muito complicada. Há tantos fatores em jogo aqui que é muito difícil chegar a uma abordagem definitiva da questão. Por um lado, se seu trabalho contribui para a produção de armas, você examina o propósito imediato de uma arma e percebe que ela serve para destruir, para matar. Mas, ao mesmo tempo, se você examina o quadro do ponto de vista da sociedade como um todo,

MEIO DE VIDA CORRETO

a menos que haja uma mudança fundamental na sociedade inteira, as nações precisam de armas para propósitos de segurança, para a defesa de sua sociedade ou mesmo globalmente. Em especial no caso americano, você deve considerar o fato de que existem no mundo regimes totalitários que são contra a democracia. Acho que, enquanto essas nações existirem, o poder militar americano deve existir.

Mas, se o presidente americano usasse o poder militar para a destruição ou para a eliminação de um único indivíduo, o líder de um regime totalitário perigoso, por exemplo, não sei se seria realmente adequado ou não, não sei. É um problema muito complexo.

"A questão é como um determinado indivíduo vai se relacionar com o problema, e esse é um assunto muito complexo. Porque, por um lado, sim, a produção de armas é destrutiva, mas, por outro, as nações precisam de armas para o bem-estar e segurança do mundo como um todo.

"E existem nações européias, por exemplo, que produzem armas, mas usam-nas para propósitos basicamente defensivos e não abusam delas. O exemplo dos Estados Unidos é semelhante: embora a ameaça russa não exista mais, enquanto houver um regime totalitário como o da China, com um grande poderio militar, é necessário algum tipo de poder coercitivo. Aí novamente a questão é se os líderes desses países agirão com responsabilidade no uso do poder militar de que dispõem. Todos esses assuntos são muito complexos. No caso de um indivíduo que tem escrúpulos morais por fazer parte de tal empresa ou fábrica, é preciso questionar o quanto é sensato ele sair do emprego e de que isso adiantaria. Pode não ser importante o indivíduo decidir sair ou não sair. Esse fato lembra a história da velha senhora tibetana que era contra o governo tibetano; diz-se que, em protesto, ela recusou o governo por alguns anos – o que de fato não teve qualquer poder ou efeito práticos."

– O senhor está dizendo então que seria aceitável manter o emprego por reconhecer que, no fim das contas, largá-lo e perder o ganha-pão não terá impacto sobre o mundo a longo prazo? – perguntei, surpreso. Ele estava defendendo que as pessoas continuassem a trabalhar em empregos moralmente questionáveis?

– Isso é muito complicado, Howard. Não posso dizer o que um determinado indivíduo deveria fazer. Claro que vai depender muito do indivíduo. Alguns podem ter maiores restrições, provenientes de sua fé religiosa. Isso é muito complicado, mesmo para um budista que tenha feito determinados votos de não fazer o mal. Digamos que o indivíduo seja budista; é evidente que, em termos de ética, é melhor aquela pessoa reconhecer a destrutividade em potencial da ação de que participa. Agora, o indivíduo dar o próximo passo e sair do emprego, exige, é claro, uma avaliação antes de ele enfrentar as conseqüências do sofrimento familiar no que se refere ao sustento e outras coisas, caso exista a percepção de que sair simplesmente não terá nenhuma importância.

"Falamos antes do caso em que a pessoa pode escolher o tipo de trabalho que faz, e, portanto, pode escolher aquele que não prejudica os outros, direta ou indiretamente. Certo. Mas agora o caso é de uma pessoa que já tem um emprego e depois descobre que este pode causar danos indiretamente. Aqui você precisa adotar uma visão caso a

caso e levar em conta todas as variáveis, a natureza e o grau do dano, os valores da pessoa e assim por diante. É, portanto, onde aparecem as diferenças individuais."
Também indaguei sobre as diferenças culturais.

– Da mesma forma que na atitude das pessoas em relação ao trabalho pode haver diferenças individuais, o senhor acha, a partir de sua experiência, que existem diferenças culturais? As atitudes orientais ou asiáticas são diferentes das atitudes ocidentais? Os tibetanos, por exemplo, vêem o trabalho de modo diferente dos americanos e dos europeus ou de outras culturas?

– Primeiro, acho perigoso fazer generalizações excessivas – lembrou o Dalai-Lama –, dizendo que todos os orientais são de um jeito e os ocidentais são de outro, como se as pessoas de uma região fossem todas iguais. Mas, isto posto, claro que, da mesma forma que existem diferenças individuais, é possível haver diferenças locais, nacionais, regionais e culturais na atitude das pessoas com relação ao trabalho. Isso pode afetar a satisfação com o emprego. Na Índia, por exemplo, existem trabalhos considerados desprezíveis, como servir em restaurantes, e essa atitude se manifesta também entre os tibetanos que vivem na Índia. Conheci tibetanos que trabalhavam nas repartições do governo e que jamais sequer cogitariam trabalhar em um restaurante aqui. Mas depois imigraram para os Estados Unidos e lá se dispuseram a trabalhar até como lavadores de pratos em restaurantes e ficaram perfeitamente felizes. Aparentemente, só se sentiam embaraçados quando outros tibetanos iam ao restaurante. Aquele tipo de trabalho não é considerado tão desprezível nos Estados Unidos; portanto, isso mostra como a cultura local pode afetar a satisfação com o emprego.

— Bem, não estou certo quanto à falta de preconceito contra determinados empregos nos Estados Unidos — eu disse. — Acho que mesmo nos Estados Unidos existem atitudes culturais e preconceitos contra determinados tipos de trabalho. Em grande parte, você é julgado com base no *status* de seu emprego.

— Mas é muito pior na Índia — ele afirmou. — Existe muito mais preconceito contra alguns tipos de trabalho. E acho que nos Estados Unidos, nesse tipo de sociedade capitalista, você é julgado mais pela quantidade de dinheiro que ganha do que pela natureza específica do trabalho. Por isso, se lavar pratos render grandes somas de dinheiro, o emprego não será considerado desprezível. O dinheiro é o fator determinante. Na Índia ou em outros países, pode haver preconceito contra a natureza do trabalho em si, se ele implicar uma posição servil. Acho que a ênfase dos Estados Unidos na liberdade e na igualdade reduz em certa medida o preconceito contra esse tipo de atividade, desde que seja um trabalho honesto. Lá o ser humano é mais importante que o emprego. Quando fui encontrar o ex-presidente Jimmy Carter em sua casa, por exemplo, exceto pelo guarda do lado de fora, no interior da residência tudo era muito simples, muito comum, ele estava fazendo as tarefas domésticas, cozinhando e tudo o mais. O mesmo ocorreu quando fui visitar o presidente Vaclav Havel da República Checa, em casa ele era muito modesto, ele mesmo abriu a porta. Na Índia seria quase impossível imaginar um ex-presidente do país fazendo essas coisas. Ele teria serviçais para fazer tudo. Cozinhar, preparar seu próprio chá ou coisas desse tipo seriam considerados muito desprezíveis para um alto funcionário do governo da Índia. É, portanto, uma atitude cultural.

"E acho que até na mesma região, na Ásia, por exemplo, é possível ver diferenças culturais. A atitude de japoneses, chineses e tibetanos em relação ao trabalho pode ser bem diferente. No Tibete de hoje, por exemplo, há diferenças visíveis entre as atitudes dos chineses e as atitudes dos tibetanos. Os chineses parecem mais preocupados com o dinheiro, enquanto um tibetano pode receber dinheiro por seus serviços, mas também pode aceitar uma *chang*[10] ou outras coisas como pagamento. Considere um alfaiate chinês e um alfaiate tibetano. Ambos precisam ganhar dinheiro para viver, mas é possível que o alfaiate chinês trabalhe dia e noite, tentando ganhar dinheiro, dinheiro, dinheiro. Acho que entre os tibetanos o dinheiro em geral não é tão importante. Eles podem preferir ganhar menos dinheiro para ter mais tempo de lazer, mais tempo com a família, etc. Claro que o trabalhador chinês pode ficar rico, mas, embora não fiquem ricos, os tibetanos não se entusiasmam o suficiente para sacrificar o tempo com a família e outras coisas apenas para ganhar dinheiro. A visão de vida deles está mais baseada no contentamento geral.

"Acho bom você ter levantado o assunto das diferenças culturais, pois a abordagem relativa ao trabalho, às atitudes em relação ao trabalho e à natureza do emprego podem variar de uma cultura para outra. Essas diferenças podem es-

---

10. Cerveja tradicional tibetana de cevada.

tar profundamente entranhadas na cultura. Em regiões de clima mais quente, por exemplo, onde há frutas e vegetais em abundância, onde o tempo é bom e é fácil cultivar as lavouras, as pessoas podem ter uma abordagem de vida mais descontraída. Podem dar mais importância ao tempo de lazer e ter menos horas de trabalho. As regiões de clima mais frio, por outro lado, sob condições mais severas, onde a sobrevivência é mais difícil, podem ter propiciado o surgimento de culturas que dão muito mais ênfase ao trabalho árduo. Nos climas setentrionais e sob tais condições, era necessário descobrir novos meios de favorecer a sobrevivência, de modo que foi preciso desenvolver rotas marítimas e, conseqüentemente, a indústria, a ciência, a tecnologia e coisas desse tipo. É o que acho.

"De qualquer modo, em nossas conversas, é importante ter em mente que estamos discutindo o trabalho basicamente do ponto de vista de sociedades modernas industrializadas. Portanto, a partir dessa perspectiva, alguns dos assuntos que abordamos talvez não sejam pertinentes a uma sociedade diferente, como, por exemplo, a sociedade tibetana tradicional."

– Bem, embora algumas atitudes ocidentais em relação ao trabalho talvez não se apliquem à sociedade tibetana e vice-versa, ainda assim gostaria de saber se certos aspectos ou certas práticas da atitude tibetana em relação ao trabalho poderiam ser aplicados à nossa sociedade e ser úteis no Ocidente. O senhor mencionou o conceito budista de meio de vida correto. O Tibete era um país totalmente budista, então gostaria de saber como esses princípios eram integrados à sociedade, como, por exemplo, a prática de escolher um trabalho que não causasse nenhum tipo de dano.

MEIO DE VIDA CORRETO

Presumo que essa fosse a consideração primordial na escolha de um trabalho – eu disse.

– Na sociedade tradicional, a maior parte das pessoas dava automaticamente continuidade ao trabalho de sua família, aos tipos de trabalho que mencionei: elas eram nômades, agricultores, mercadores, etc. Contudo, algumas pessoas ocupavam-se de trabalhos que não estavam de acordo com o princípio de não fazer o mal, pois havia açougueiros, ferreiros que faziam espadas e outros. Mas esses tipos de trabalho em geral também eram herdados.

Resistindo ao convite dele para abrir mão de minha visão de uma Shangri-Lá perfeita, onde todos se ocupariam alegremente com trabalhos benéficos e não violentos, continuei: – Por falar em trabalho e implementação do conceito de não fazer o mal, o senhor teria mencionado um fato fascinante que li em um livro baseado em conversas com o senhor (de fato mencionou-o em dois livros diferentes) –, no qual o senhor dizia que havia uma lei no Tibete determinando que qualquer nova invenção deveria garantir que seria benéfica ou que pelo menos não seria prejudicial por no mínimo sete gerações...

O Dalai-Lama manifestou surpresa. – Nunca ouvi falar disso.

Foi a minha vez de ficar surpreso. – Não é verdade? Tal menção foi atribuída ao senhor.

Ele deu de ombros e riu.

– Não sei quem fez o livro, mas talvez tenha sido um dos pretensos especialistas em Tibete. Alguns desses especialistas ocidentais em Tibete sabem de coisas que nem sequer os tibetanos sabem. Entretanto, parece que certas práticas e políticas adotadas por sucessivos governos tibetanos buscavam pôr em prática alguns ideais budistas, como respeitar o mundo natural, particularmente o mundo animal. Por exemplo, no passado, todas as comunidades próximas ao lago Yamdrok costumavam sobreviver basicamente da pesca. Eu acreditava que eles teriam recebido permissão especial para pescar, mas recentemente ouvi falar de uma política adotada na época do quinto Dalai-Lama, quando eles teriam sido desencorajados a pescar e, a fim de que não fossem prejudicados durante a temporada de pesca, outras comunidades associavam-se para fornecer-lhes o valor equivalente em grãos, de modo que eles eram compensados pela perda. De modo semelhante, na área próxima ao monte Kailash situa-se o lago Manasarovar para onde bandos de aves aquáticas migram em determinada época. Elas põem os ovos nas praias, e aparentemente houve uma outra ação do governo, que nomeou pessoas para cuidar dos ovos durante a temporada de postura e garantir que ficassem a salvo. Claro que alguns indivíduos, além de ganhar o salário, provavelmente também comeram alguns ovos. Essas coisas acontecem. Mas acima de tudo há esse tipo de atitude de não causar nenhum tipo de dano.

"Portanto, embora no Tibete as pessoas nem sempre tenham seguido esse princípio no trabalho – havia açougueiros, por exemplo, pois os tibetanos em geral são consumidores de carne, de modo que é preciso matar para haver suprimento de carne –, ainda assim o princípio estava profundamente arraigado nas pessoas.

"De um modo geral, acredito que isso é algo que poderia ser aplicado ao Ocidente. Embora nem todo mundo

MEIO DE VIDA CORRETO

tenha muitas opções quanto ao trabalho que faz, acho que pelo menos é bom pensar seriamente sobre o trabalho que se faz e no impacto dele sobre os outros. E, especialmente no mundo moderno e nas nações industrializadas, onde muita gente tem oportunidade de escolher o tipo de emprego, é melhor escolher um trabalho que não cause mal aos outros, que não explore ou engane os outros, direta ou indiretamente. Na minha opinião é o melhor caminho."

Desse modo, o Dalai-Lama acrescentou um último elemento à nossa busca de felicidade no trabalho, um fator crucial a partir da perspectiva budista – considerar o impacto do nosso trabalho sobre os outros e nos assegurarmos de que não fazemos mal aos outros intencionalmente com o trabalho que realizamos.

Anteriormente, falamos das diferentes atitudes que podem ser adotadas em relação ao trabalho, e de como as pessoas que vêem seu trabalho como uma vocação são indiscutivelmente mais felizes com sua ocupação. Aqueles que amam seu trabalho continuariam a fazê-lo mesmo que não recebessem (se pudessem se sustentar); aqueles que ficam absortos no trabalho, que integram seus valores, sua vida, sua própria existência a ele – esses têm uma vocação. Além disso, aqueles que têm uma vocação vêem seu trabalho como algo significativo, com um propósito mais amplo, e, em termos ideais, até contribuem para o bem maior da sociedade ou do mundo.

Apesar disso, pela perspectiva do Dalai-Lama, não basta simplesmente considerar o trabalho uma vocação para

♦

assegurar nossa felicidade a longo prazo. Por quê? Imagine um *hacker* de computador muito habilidoso, violando sistemas de segurança para roubar e mandando ao mesmo tempo milhões de vírus. Esse indivíduo pode amar o que está fazendo, passar muitas horas em estado de "fluxo", superando desafios monumentais enquanto utiliza cada fração de habilidade, conhecimento, criatividade e engenhosidade que possui. Os computadores são a vida dele, e seu trabalho pode até combinar perfeitamente com seus valores internos – no caso, um sistema de valores baseado na antiqüíssima filosofia do: "Danem-se, vou pegar o que puder! Vence aquele que conseguir pegar mais!" E com certeza seus esforços provocam um grande impacto, já que pode devastar milhões de vidas enquanto os computadores travam no mundo todo. Esse homem tem uma vocação.

E acontece o mesmo com muitos criminosos profissionais, falsificadores e outros que obtêm tanta euforia com suas atividades que jamais cogitariam fazer outro trabalho, a menos que fossem forçados pelo sistema legal ou que tivessem sorte suficiente para, de algum modo, passar por uma importante transformação de seu ponto de vista e dos valores internos. Pode-se até imaginar um guarda em Auschwitz que considerasse seu trabalho como uma vocação, e com sua mente maligna e distorcida visse seus esforços como uma contribuição para o bem supremo do mundo.

Não há como negar o fato de que aqueles que se ocupam com trabalhos que prejudicam deliberadamente os outros podem desfrutar de uma sensação temporária de satisfação. Mas, do ponto de vista do Dalai-Lama, os estados da mente que levam a atividades destrutivas ou a tipos de

MEIO DE VIDA CORRETO

trabalho prejudiciais, estados mentais como a ganância desenfreada, a hostilidade, a raiva ou mesmo o ódio, simplesmente são incompatíveis com a felicidade de uma pessoa a longo prazo.

Claro que os exemplos de carreiras criminosas ou de maníacos genocidas são casos extremos, e, como o Dalai-Lama ressalta com freqüência, a vida é complexa e, portanto, pode haver graus variáveis, às vezes muito sutis, de dano ou de benefício resultantes do trabalho de alguém. Mas, para garantir nossa felicidade a longo prazo, podemos começar cultivando alguma consciência do impacto de nosso trabalho sobre os outros.

Ao longo dos anos, notei que às vezes o Dalai-Lama é solicitado a condensar sua filosofia em um único princípio fundamental. Ele com freqüência responde a essa difícil questão da seguinte maneira: "Se puder, sirva aos outros. Se não puder, pelo menos abstenha-se de fazer mal a eles." Se pudermos fazer isso no emprego, estaremos no rumo da felicidade no trabalho.

Capítulo 9

FELICIDADE NO TRABALHO

Aquele era nosso último encontro dessa série específica de conversas na casa do Dalai-Lama em Dharamsala. Havíamos passado a semana explorando a natureza do trabalho, identificando algumas das fontes mais comuns de insatisfação e oferecendo algumas estratégias que as pessoas podem usar para fazer do trabalho uma experiência mais satisfatória.

Enquanto subia penosamente a estrada estreita e lamacenta que leva à casa do Dalai-Lama, passando por lojistas e negociantes ativamente envolvidos em suas tarefas diárias, lembrei-me de que, tanto ali na Índia, quanto em Phoenix,

◆

minha terra, muita gente passa a metade das horas em que está acordada ocupada com o trabalho. Algumas até mais. Mas restava uma pergunta: onde o trabalho se encaixa em nossa busca geral da felicidade? Em que grau a satisfação no trabalho afeta nossa satisfação e nossa felicidade na vida em geral?

Dando início à nossa última sessão, recapitulei:
– Esta semana falamos bastante sobre o trabalho, sobre nossas atitudes com relação a ele e sobre alguns fatores que nele podem influenciar nossa felicidade. Como este é nosso último encontro, pelo menos por enquanto, queria falar sobre a relação entre trabalho e felicidade. Em outras palavras, qual é o papel do trabalho, da atividade produtiva, para se alcançar uma vida feliz? Em que medida o trabalho contribui para nossa satisfação e realização? Estou falando sobre qualquer tipo de trabalho, a idéia geral de atividade produtiva, sobre fazer algo que ajude a dar forma ao mundo à nossa volta ou que tenha impacto sobre ele.

– Muito bem – disse o Dalai-Lama aprovando com a cabeça. Mas acho que, se vamos discutir trabalho e atividade produtiva, precisamos primeiro entender o que chamamos de atividade produtiva. Devemos nos certificar de que definimos esses termos da mesma forma.

– É uma boa idéia.

– Portanto, se entendi corretamente – ele continuou – quando você mencionou atividade produtiva, aparentemente referia-se a algum tipo de atividade externa...

– De certa forma, sim.

– Ora, do meu ponto de vista, o desenvolvimento interior poderia ser considerado uma atividade produtiva. Portanto, isso nos leva à questão de como definir o trabalho. Estou pensando, qual é a sua definição de atividade produtiva?

Eu não havia pensado em uma definição exata de atividade produtiva, e a pergunta me pegou desprevenido. Lutando para achar a definição correta, não respondi de imediato, por isso ele continuou: – Eu, por exemplo, sou apenas um monge comum. Isso levanta uma questão – se o tipo de trabalho no qual estou basicamente envolvido pode ser definido como 'produtivo' a partir da perspectiva ocidental moderna. Muitas de minhas atividades, especialmente as que pertencem à minha prática espiritual e ao meu papel como Dalai-Lama, pelo menos da perspectiva comunista, seriam consideradas improdutivas.

"Por isso, indago sobre a atitude ocidental em relação a um monge ou a uma monja, alguém que realmente tem uma boa instrução e é um praticante verdadeiro na vida cotidiana – você consideraria esse trabalho produtivo ou improdutivo?"

"No Ocidente, se tudo o que um monge faz o dia inteiro é sentar-se em uma caverna e meditar, em geral acho que isso seria considerado um trabalho improdutivo. Para ser honesto, não sei a definição exata ou formal do que é considerado trabalho ou atividade produtiva no Ocidente. Neste momento, tudo que posso fazer é falar a partir da minha perspectiva como americano comum e dar minhas opiniões a partir de uma perspectiva, digamos, comum.

– Neste caso acho que precisamos com urgência de um dicionário! – ele disse, rindo.

◆

– De qualquer forma, a partir dessa perspectiva – continuei – acho que a visão geral de atividade produtiva implica, de algum modo, provocar um impacto sobre o ambiente, produzir algo ou realizar algo no mundo. Parece ser algo mais voltado para o exterior, para a realização de coisas que podem ser medidas ou quantificadas.

– Portanto, neste caso – riu-se o Dalai-Lama – minha meditação matinal durante algumas horas é improdutiva, não é? E alimentar-se, ir ao banheiro, é improdutivo.

– Suponho que sim. – Também ri, contagiado pelo senso de humor dele. – E qual seria a sua definição de trabalho produtivo?

– Bem, essa é uma pergunta difícil – ele disse, pensativo. Seu humor mudou rapidamente, ele tornou a ficar mais sério. – Pode ser bastante complexo. Acho que mesmo de uma perspectiva ocidental convencional a questão pode ser um pouco complicada. Pode variar de uma sociedade para outra e de uma cultura para outra. Uma sociedade comunista, por exemplo, poderia considerar produtiva a atividade de propaganda comunista, a doutrinação, etc., enquanto uma sociedade não comunista pode rejeitar essas atividades como não produtivas. De fato, tais atividades podem ser vistas como destrutivas.

Ele ficou calado por um tempo enquanto refletia. – Então você está dizendo, por exemplo, que minhas horas matinais de meditação podem ser consideradas improdutivas pelos padrões ocidentais? Isso de fato me lembra a propaganda comunista chinesa, que exalta certos tipos de trabalho árduo, mas considera as atividades de um monge improdutivas. Contudo, se eu pensar que, como resultado

FELICIDADE NO TRABALHO

de meu estudo e de minha prática, eu ensino, dou palestras e faço discursos sobre esses assuntos ou participo de conferências, será que isso seria considerado atividade produtiva: reunir-me com outros seres humanos, envolver-me em conversas, ensinar e dar palestras seriam considerados um trabalho produtivo?

– Claro que sim – respondi. – O ensino é sem dúvida uma profissão reconhecida no Ocidente; portanto, se um monge está estudando e meditando e ainda ensina outras pessoas, isso seria considerado um trabalho produtivo. Por exemplo, existe gente no mundo inteiro que está estudando disciplinas profundamente esotéricas, do mesmo modo que se pode estudar o ciclo de vida de algum pequeno inseto obscuro, e isso é considerado um trabalho produtivo, pois contribui para o conhecimento geral por meio do ensino ou da publicação de artigos.

"Se o senhor aplica de alguma forma ao mundo sua meditação matinal e seu estudo, seu trabalho seria considerado produtivo, pois na verdade o senhor os está colocando em prática. Mas não seria esse o caso se o senhor fosse um eremita e não os compartilhasse com ninguém."

– Apenas para deixar claro – acrescentei –, estou certo em presumir que o senhor considera a meditação solitária uma atividade produtiva? O senhor considera produtivo o monge eremita de nosso exemplo, que tem pouco contato com outras pessoas e passa a vida apenas em meditação, tentando atingir a libertação?

– Não necessariamente – ele replicou. – Do meu ponto de vista, pode haver tanto meditação produtiva quanto meditação improdutiva.

◆

199

– Qual é a diferença? – perguntei.

"Acho que muitos praticantes de *dzogchen*[11] e outros tipos de meditantes praticam diferentes técnicas, algumas de olhos fechados, outras de olhos abertos, mas a verdadeira natureza dessa meditação é a ausência de pensamento, é ficar em um estado livre de pensamentos. Só que, de certa forma, isso é uma espécie de afastamento, como se eles estivessem fugindo das dificuldades. Depois, quando eles de fato enfrentam dificuldades, lidam com a vida cotidiana e defrontam-se com alguns problemas da vida real, nada mudou. As atitudes e reações deles permanecem as mesmas. Então, esse tipo de meditação está apenas mantendo o problema afastado, é como ir a um piquenique ou tomar um analgésico. Não está de fato resolvendo o problema. Algumas pessoas podem passar muitos anos praticando, mas sem nenhum progresso real. Essa não é uma meditação produtiva. O progresso genuíno ocorre quando o indivíduo não apenas vê alguns resultados ao atingir estados meditativos mais elevados, mas também quando a meditação tem pelo menos certa influência na maneira como ele interage com os outros, quando a meditação tem algum impacto sobre a vida cotidiana – mais paciência, menos irritação, mais compaixão. Essa é a meditação produtiva. Algo que pode gerar benefícios aos outros de alguma maneira."

---

11. *Dzogchen* é um antigo sistema de meditação praticado na tradição budista tibetana, que remonta ao começo do desenvolvimento do budismo no Tibete. Essas práticas de meditação envolvem várias técnicas, incluindo o cultivo da experiência da não-conceitualidade pura.

Finalmente, a idéia começou a tomar forma. Eu disse:
— Se entendi direito, parece que sua definição de atividade produtiva é uma atividade que tenha uma meta positiva.

O Dalai-Lama ficou novamente em silêncio por um bom tempo enquanto contemplava a questão. — Do meu ponto de vista pessoal, sim. E não apenas uma meta positiva, pois, ainda que você tenha uma meta positiva, se sua atividade de fato não beneficiar ninguém, não sei se pode ou não ser classificada de produtiva. Por exemplo, uma pessoa pode estudar muito. Ler, ler, ler. Pode ler uma quantidade enorme de páginas, mas, se isso não produz nada, nem gera qualquer benefício, é pura perda de tempo. Claro que, embora esse deva ser o significado geral de produtividade, ainda depende do contexto. Mas, em termos gerais, se a sua atividade ou trabalho pode beneficiar alguém de forma evidente, eu a classificaria de produtiva. Em suma, acredito que uma atividade produtiva deve ser *intencional*, ou seja, direcionada a uma meta específica. Além disso, deve ser uma atividade *benéfica* e não prejudicial para o bem-estar dos membros da sociedade.

"De acordo com o que discutimos, acho que, quando se fala em 'produtivo', em geral pensa-se primeiro em termos materiais, em algo material, em algo que se pode ver, usar — um determinado tipo de ocupação ou atividade que produza algum tipo de bem material que as pessoas possam usar. Normalmente, produção equivale a esse tipo de resultado. Em segundo lugar, muita gente pensa que o termo pode ter uma implicação positiva. Acho que mesmo no emprego convencional da palavra 'produtivo' está implícito com freqüência a noção de que há um propósito positivo – dizer que uma pessoa não está sendo produtiva tem conotação negativa. Entretanto, nem sempre um propósito ou meta positivos estão implícitos no uso da palavra. Pode-se falar em produzir veneno, por exemplo – é produtivo, mas negativo. Portanto, pode haver ações destrutivas, trabalho destrutivo – é chamado de trabalho, e sob certo aspecto também pode ser considerado produtivo. Trabalho destrutivo implica movimento, movimento em direção a algo, criar algo novo. Assim, é produtivo nesse sentido, produtivo no sentido de que simplesmente produz algo.

"Por isso, acho que, de modo geral, a palavra 'produtivo' pode ser neutra – como 'trabalho' –, pode ser tanto positiva quanto negativa. É semelhante à palavra 'liberdade', por exemplo. Acho que a liberdade em si não é necessariamente positiva. Pode-se ser livre para fazer coisas negativas, não é? Mas geralmente considera-se a liberdade algo positivo. De modo semelhante, no sentido estrito da palavra, 'produtivo' é neutro: pode ser tanto destrutivo quanto construtivo, positivo ou negativo, mas geralmente 'produtivo' é considerado algo que não prejudica. Talvez, mas não sei... Não sei." Ele riu: "Novamente acho que depende do que se quer dizer exatamente."

"Sim, é complicado, complexo. Existem problemas sérios quanto à produção de coisas como armas ou produtos tóxicos. Claro que os empregados que produzem essas coisas recebem um salário, às vezes um salário bem alto, mas, se caracterizarmos tais atividades como produtivas, temos de estar conscientes de qual noção de produtividade estamos falando. Mais uma vez fica clara a natureza complexa do assunto. Vejamos, por exemplo, toda a atividade nazista do genocídio, que envolvia planejamento, estratégia e execução detalhados – não se pode dizer que aquelas atividades fossem produtivas. De forma semelhante, os criminosos podem trabalhar arduamente, mas tampouco desejaríamos caracterizar o trabalho deles como produtivo. Portanto, tudo isso leva a crer que, em nossa concepção do que é atividade produtiva, o conceito de não prejudicar – se não o de gerar real benefício aos outros – está de algum modo implícito. Comparadas às atividades criminosas, as práticas espirituais, como meditar, mesmo que não tenham resultados materiais imediatos, pelos menos são atividades inofensivas e, por isso, podem ser consideradas mais produtivas. Então, não sei, em termos convencionais talvez possamos definir trabalho produtivo como uma atividade vinculada à produção de algo, seja material ou espiritual, que os outros podem utilizar e, por causa disso, as atividades que levam à produção de tais coisas geram benefícios. Não sei."

De repente, o Dalai-Lama começou a rir. – Continuamos considerando sob diferentes ângulos e diferentes aspectos a idéia de atividade produtiva – produtivo, improdutivo, positivo, negativo, vários tipos e definições de trabalho produtivo, dependendo do ponto de vista. Parece tão complicado! Confuso! Depois de tudo isso, fico me perguntando se chegamos a alguma conclusão.

– Eu me pergunto o mesmo – disse eu, sorrindo. – Nunca esperei que fôssemos deparar com um conceito aparentemente tão simples, e lutar para tentar conciliar nossas diferentes perspectivas. Mas acho que a conversa pode de fato ter gerado benefícios e sido esclarecedora para mim, pois mudou um aspecto do meu pensamento. O senhor me perguntou se eu achava que meditar seria considerado uma atividade produtiva. Pela perspectiva ocidental convencional, minha primeira resposta foi 'não', mas mudei de idéia enquanto o senhor falava. Quero retirar minha declaração. Agora, em vista de sua definição de meditação produtiva, em que os estados meditativos são levados para o mundo, pelo menos na maneira como interagimos com os outros, acho que ela seria considerada uma atividade produtiva, pois os monges ou os meditantes estariam aprendendo, desenvolvendo e treinando a mente, e fazendo mudanças positivas. E, nesse sentido, estariam fazendo progressos e alcançando metas; portanto, acho que a meditação poderia ser considerada produtiva.

"De qualquer forma, acho que chegamos a um entendimento. Embora pessoas diferentes possam ter conceitos diferentes do que consideram trabalho produtivo, para os propósitos de nossa discussão eu gostaria de adotar o seu conceito – de que trabalho produtivo supõe ocupar-se com uma atividade associada não apenas a realizar algo, um tipo de atividade direcionada a uma meta, mas também supõe que essa atividade possua algum tipo de propósito positivo."

Ele assentiu com a cabeça. – Concordo.

Depois de nossa discussão, consegui um dicionário e consultei o verbete "produtivo", termo derivado de "produzir", do vocábulo latino que significa "levar adiante". Não havia nada de surpreendente – a palavra em inglês possui

FELICIDADE NO TRABALHO

conotações bem claras de criar e gerar, tem a ver com causar, dar origem a um resultado específico, com a criação de algo. Mas bastou pensar durante alguns instantes sobre a definição da palavra para vir à tona um ponto importante. Como o Dalai-Lama sugeriu, o termo era essencialmente neutro – podem-se produzir instrumentos de tortura ou remédios para salvar vidas; no sentido estrito, ambas seriam consideradas atividades produtivas. Mas da perspectiva do Dalai-Lama, uma visão de vida que se concentra em nossa busca da felicidade, a mera produção de bens ou serviços não basta para assegurar nossa felicidade definitiva. Para que ela ocorra, deve-se acrescentar-lhe mais um elemento – devemos considerar também os resultados de nossa atividade, o efeito que terá sobre nós mesmos, nossa família, a sociedade e o mundo. Como reconhecemos em nossa discussão sobre "meio de vida correto", embora nem sempre seja fácil, e nem sequer possível, devemos fazer o máximo para nos assegurarmos de que nosso trabalho trará benefícios aos outros. Para o Dalai-Lama, esse é o caminho mais certo para se forjar um vínculo inquebrantável entre nosso trabalho e a felicidade profunda e duradoura que todos nós buscamos.

Para os que talvez cogitem redefinir seu conceito de "trabalho produtivo", adotando a definição do Dalai-Lama, pode haver algum risco. Um vendedor de cigarros, por exemplo, poderia deixar de considerar seu trabalho exaustivo uma atividade produtiva – pelo menos de acordo com a nova definição. De fato, adotar a nova definição pode dar a impressão superficial de que estamos limitando nossa definição, os tipos de trabalho que poderíamos considerar produtivos. Mas, paradoxalmente, adotar essa nova definição de trabalho produtivo pode na verdade expandir nosso conceito de produtividade e nos abrir para várias possibilidades novas, para várias fontes novas de satisfação no trabalho. Mudar nosso conceito de trabalho produtivo pode ter algumas conseqüências interessantes. Se vendemos programas de computador, podemos ter um dia improdutivo quando não vendemos nada, mas ainda assim podemos ter uma sensação de realização se tivermos mantido uma interação positiva com nossos clientes ou colegas de trabalho, se tivermos tornado o dia deles um pouquinho melhor. Nosso dia transforma-se então em um dia de trabalho produtivo do qual podemos nos orgulhar. Claro que ainda precisamos comprar mantimentos e pagar o aluguel, por isso todos nós ainda precisamos dos dias "produtivos" convencionais, nos quais geramos renda a partir de nossos esforços. Mas uma definição mais ampla de "trabalho produtivo", com base na geração de benefícios para os outros, pode proporcionar várias fontes novas de satisfação capazes de manter nossa sensação de realização e orgulho mesmo durante os inevitáveis períodos fracos de nossa carreira.

Tendo chegado a uma definição consensual de atividade produtiva, era hora de darmos o último passo – explorar a ligação entre atividade produtiva e nosso anseio fundamental de felicidade. Restava uma pergunta: será que cada um de nós possui o potencial inerente para experimentar uma sensação de profunda satisfação por meio do traba-

FELICIDADE NO TRABALHO

lho, e, se assim for, qual é o papel desempenhado pela satisfação no trabalho em nossa felicidade global na vida? Claro que, como na maioria das facetas do comportamento humano, os psicólogos evolucionistas propõem uma teoria sobre o motivo de os seres humanos terem a capacidade natural de extrair prazer e satisfação do trabalho árduo:

Nas savanas e planícies de uma terra primordial no passado distante, vagava um dia um pequeno bando de seres humanos primitivos. Nesse bando de caçadores-coletores pré-históricos, havia dois irmãos, Jim e Lemarr. Tendo parentes em comum e características em comum como seres humanos, os irmãos eram parecidos sob vários aspectos. Ambos gostavam de se acocorar junto à fogueira em uma noite fria, regalando-se com uma saborosa coxa de antílope. Mas, como entre todos os seres humanos, havia diferenças sutis em suas constituições genéticas, resultando em leves variações, não apenas na aparência, mas também na inteligência, temperamento e índole. Lemarr gostava de fazer coisas, desenvolver e exercitar habilidades, e obtinha uma sensação de contentamento e satisfação quando passava longas horas ocupado em talhar ferramentas que usava para caçar e controlar o ambiente ao redor. Jim, contudo, era menos inclinado ao trabalho, obtendo maior satisfação em ficar sentado, mastigando nozes e observando o pôr-do-sol. Em uma tarde de terça-feira, enquanto Jim observava uma lagarta arrastar-se por uma folha, sua carreira de homem das cavernas foi abreviada, e ele acabou virando almoço de um tigre-dente-de-sabre. Lemarr sobreviveu e teve muitos filhos, que se tornaram nossos ancestrais remotos, e sua característica de gostar de trabalho árduo nos foi legada.

◆

A ARTE DA FELICIDADE NO TRABALHO

Pelo menos é o que diz a teoria evolucionista. Não obstante a etiologia, existem evidências que apóiam a noção de que os seres humanos parecem nascer com uma capacidade inata de obter uma sensação de satisfação por meio do trabalho que fazem. Além disso, existe uma relação clara entre a felicidade profissional de uma pessoa e sua satisfação e felicidade na vida em geral. Psicólogos e cientistas sociais começaram a explorar a relação entre satisfação profissional e satisfação na vida pela primeira vez na década de 1950, e, desde aquela época, os pesquisadores acumularam uma imensa quantidade de dados confirmando a relação entre a felicidade no trabalho e a felicidade na vida em geral. Em 1989, os psicólogos Marianne Tait, Margaret Youtz Padgett e Timothy T. Baldwin revisaram a literatura dos últimos trinta anos e estabeleceram a relação sólida entre satisfação no trabalho e na vida. A relação mostra-se verdadeira tanto para os homens quanto para as mulheres, para os trabalhadores de baixo e alto escalão, em Wall Street ou, como constatado em um estudo recente de Roderick Iverson e Catherine Maguire, da Universidade de Melbourne, na remota comunidade de uma mina de carvão na Austrália. Desde o estudo de 1989, psicólogos organizacionais, cientistas sociais e especialistas renomados como Robert Rice, Timothy Judge e Shinichiro Watanabe vêm avaliando a relação entre trabalho e felicidade, aprimorando ainda mais nossa compreensão da natureza da relação.

Como se poderia supor intuitivamente, muitos investigadores propuseram um modelo de "transbordamento bidirecional" de satisfação entre emprego e vida. Em outras palavras, a satisfação com o trabalho tende a deixar o in-

FELICIDADE NO TRABALHO

divíduo mais feliz globalmente, e os que são mais felizes na vida tendem a ser mais felizes no trabalho. Claro que, como na maioria dos campos de pesquisa, existem algumas discordâncias entre os pesquisadores a respeito da medida em que o trabalho influencia a felicidade geral ou da medida em que a felicidade geral de uma pessoa transborda para o emprego.

Ao analisar a relação entre satisfação no trabalho e na vida, alguns pesquisadores tentaram até quantificar a relação. Um estudo sobre a qualidade de vida americana financiado pela Russel Sage Foundation verificou que a satisfação no trabalho correspondia a 20% da satisfação na vida em geral. Ao resumir parte da literatura sobre o tema, James Harter, Frank Schmidt e Corey Keyes relatam: "Cerca de um quinto a um quarto da variação da satisfação na vida adulta pode ser atribuída à satisfação com o trabalho." Embora à primeira vista talvez não pareça um número alto, pode-se começar a avaliar o papel fundamental que o trabalho é capaz de desempenhar em uma vida feliz e satisfatória quando se levam em conta todas as variáveis capazes de afetar a satisfação na vida, incluindo o estado civil, apoios sociais fora do trabalho, saúde e outras circunstâncias.

Parece claro que os seres humanos têm uma capacidade inata de experimentar satisfação por meio do trabalho, e, além disso, existe uma relação entre satisfação no trabalho e satisfação na vida. Sorte nossa, visto que uma importante parte de nosso tempo na Terra é gasto com o trabalho. Ainda assim, pode exigir algum esforço identificar e eliminar os obstáculos que nos impedem de experimentar a alegria no trabalho, que é nosso direito inato. Em nossas discussões, o Dalai-Lama ofereceu uma abordagem para dar início ao processo. Mas ainda havia alguma coisa me incomodando, ainda faltava algo. Notando que o Dalai-Lama sempre parecia muito feliz, independentemente da atividade em que estivesse envolvido, eu havia começado nossas discussões perguntando como ele vê seu próprio trabalho ou ocupação, em uma tentativa de descobrir que papel o trabalho desempenhava na sua sensação de realização e felicidade. Meus esforços iniciais para fazê-lo falar de sua ocupação mostraram-se infrutíferos, mas agora eu achava que valia a pena voltar ao tema. A questão era como abordar o tema de novo, de maneira a permitir uma resposta mais completa. Um pensamento ocorreu-me subitamente enquanto eu me lembrava de um breve diálogo ocorrido no ano anterior, quando o Dalai-Lama estava no meio de uma turnê intensiva de três semanas de palestras pelos Estados Unidos.

Era o final de um dia exaustivo. O Dalai-Lama estava concluindo uma conferência pública, em uma grande cidade do centro-oeste. Como de costume, nos últimos momentos da palestra, o Dalai-Lama respondia a perguntas típicas da platéia: "Qual a atual situação política no Tibete?", "O senhor tem namorada?" Sentado em uma cadeira dobrável nos bastidores, eu estava prestes a cochilar quando de repente fiquei totalmente alerta, surpreendido por uma pergunta simples ainda que fundamental, que de algum modo eu não fora capaz de fazer durante nossos vários encontros ao longo dos anos.

– O senhor fala freqüentemente sobre felicidade – uma pessoa perguntou – e afirma que o propósito de nossa existência é a felicidade. Então, gostaria de saber qual foi o *seu* momento mais feliz.

O Dalai-Lama demorou para responder, como se tivesse todo o tempo do mundo. Quando finalmente respondeu, foi como se estivesse batendo papo com um grupo de amigos enquanto bebia chá na varanda de sua casa, em vez de estar discursando para milhares de pessoas em um estádio público, todas elas aguardando ansiosamente a resposta.

– Não sei – ele refletiu, quase num suspiro. – Houve tantos momentos felizes, tantos. No fim, ele riu: – Acho que talvez tenha sido quando passei nos meus exames de Geshe. Lembro-me de que foi o maior alívio quando acabou, fiquei tão feliz! – Ressoando pelos alto-falantes, seu riso jovial retumbou por todo o estádio, reverberando no coração de cada ouvinte.

Lembrei-me de que o Dalai-Lama respondera a pergunta com tanta animação e deixara o tema de lado tão lepidamente que havia passado a imagem de um jovem Dalai-Lama sentado a uma mesa de fórmica em uma sala de aula vazia e climatizada, respondendo a questões de múltipla escolha e escrevendo alguns ensaios, segurando as folhas dos exames e pegando o diploma ao sair. A situação real era bem diferente. O grau de Geshe, uma espécie de PhD em filosofia budista, é o ápice de dezessete anos de trabalho árduo. Implica o estudo exaustivo de muitos ramos da teoria, da lógica, do debate e da psicologia budista. Esse campo de estudo era repleto de temas enigmáticos e cursos tão difíceis que tive que ir atrás do meu dicionário só para descobrir o que significava o nome do curso: "Vejamos...

epistemologia... 'o estudo da natureza do conhecimento'."
O exame oral durou um dia inteiro, enquanto os principais eruditos das melhores universidades monásticas do Tibete o crivavam de perguntas diante de milhares de monges e eruditos. A essa tremenda pressão sobre o jovem líder do Tibete, somava-se uma situação política tão tensa que, pela primeira vez na história, havia guardas armados, tanto tibetanos como chineses, postados em volta do amplo pátio, de prontidão, caso estourasse alguma confusão. Sua vida havia sido ameaçada, e ele estava ciente disso.

Embora a felicidade de passar em um exame final seja compreensível, aquele, na minha opinião, não era propriamente um momento feliz e tranquilo, e era difícil imaginar uma situação mais cheia de desafios e pressões internos e externos. Contudo, ele afirmou que havia sido o momento mais feliz de sua vida, ou pelo menos um deles. Para mim, a resposta tinha implicações que iam além da idéia de alcançar uma sensação momentânea de alívio após superar um exame instigante e que provocava ansiedade. Ela sugeria uma relação mais profunda entre trabalho árduo, mantido ao longo de muitos anos, e felicidade e satisfação definitivas.

Agora, pensando de novo naquela pergunta e na resposta dele sobre seu momento mais feliz, ocorreu-me que poderia ser a melhor forma de abordar a relação entre trabalho e felicidade na vida dele.

– Quando lhe perguntaram qual havia sido seu momento mais feliz – recordei –, o senhor disse que havia sido quando terminou os exames e obteve o grau de Geshe. Sei que essa façanha custou um enorme trabalho ao longo de muitos anos. Por isso, acho que sua resposta tem algumas implicações interessantes. Ela indica que, pelo menos no seu caso, a atividade produtiva e o trabalho significativo são um componente importante da felicidade humana. E isso confirma por completo as descobertas dos pesquisadores e cientistas sociais que constataram que o trabalho é um importante componente da felicidade para uma vida humana plena. De fato, alguns desses cientistas acreditam que o cérebro possa ser equipado, geneticamente programado, para experimentar a felicidade por meio de atividade produtiva e significativa, do exercício de habilidades, por meio da interação com o ambiente e da ação sobre este.

"Por isso acho realmente interessante que, em vez de dizer que seu momento mais feliz foi um dia em que ficou sentado em meditação solitária ou em algum estado de repouso pacífico, o senhor tenha concluído que tal momento estava relacionado ao trabalho árduo e a atingir determinada meta em um nível convencional."

O Dalai-Lama parecia ouvir muito atentamente, e a seguir respondeu:

– Posso entender seu argumento de que essa idéia de trabalho gera um certo nível de satisfação. E, nesse caso, sua descrição de atividade produtiva estaria mais relacionada ao tipo de atividade orientada para o exterior que mencionamos antes. Quando eu era jovem no Tibete, por exemplo, gostava de consertar coisas, desmontar dispositivos mecânicos ou objetos como relógios, e tentar entender como funcionavam, embora nem sempre fosse capaz de remontá-los corretamente. Às vezes eu até ignorava minhas aulas para poder fazer essas coisas – disse ele com um risinho culpado. – Ainda assim, não acho completamente correto dizer que os seres humanos são geneticamente pro-

gramados para ter benefícios apenas por meio da atividade produtiva.
– Oh, não, não – corrigi. "Não é isso que estou sugerindo. De fato, as discussões que levaram ao nosso primeiro livro baseavam-se em sua premissa de que o determinante primordial da felicidade é o estado da mente, o fator mental. Nosso primeiro livro concentrou-se no tema geral do desenvolvimento interior, e nossas atuais discussões partiam do pressuposto de que é o desenvolvimento interior o que realmente traz felicidade. Não há dúvida de que acreditamos nisso.
"Mas o senhor também disse que existem muitos componentes na felicidade humana. Aqui enfocamos um desses elementos, um que não exploramos por completo em nosso primeiro livro. O elemento adicional que estou introduzindo é a idéia de atividade produtiva e trabalho. E aí sim, concordo com o senhor que não somos programados para alcançar a felicidade *só* por meio do trabalho ou da atividade produtiva e significativa. Mas agora quero explorar de que forma o trabalho se encaixa em nossa busca pela felicidade humana. Mais uma vez, não estamos falando de estados elevados de bem-aventurança espiritual, mas de uma felicidade mais convencional, cotidiana, corriqueira, e de como a atividade produtiva e o trabalho podem contribuir para nossa satisfação na vida como um todo, da maneira como o trabalho árduo para obter o grau de Geshe o deixou feliz."
– Então, preciso deixar algo bem claro – disse o Dalai-Lama. – Ao dizer que meu momento mais feliz foi quando obtive o grau de Geshe, eu não quis dizer que necessariamente os estados de profunda felicidade não possam ser

alcançados por meio do desenvolvimento interior ou do processo de pensamento interno conquistado por meio da realização meditativa. Agora, ainda que eu possa não ter atingido tais níveis de realização meditativa, isso não significa que não seja possível. De fato tive até lampejos dessa possibilidade. Acho que já lhe contei algumas dessas experiências.

– Bem, acho que nós dois concordamos que existem muitos componentes da felicidade humana – opinei – e muitos fatores que podem contribuir para isso. Há algum tempo falamos da importância de treinar a mente, e o senhor mencionou outros tipos de treinamento meditativo interior. E claro que existem coisas que o senhor mencionou anteriormente, como a família, os amigos, etc. Podemos voltar a alguns desses outros componentes no futuro. Mas nesta semana enfocamos o trabalho. Discutimos muitos aspectos do trabalho, o meio de vida, algumas fontes comuns de insatisfação no trabalho, entre outros. Como este é nosso último encontro dessa série de discussões, gostaria de saber, a partir de uma perspectiva mais ampla sobre o trabalho de uma pessoa, da atividade dela no mundo, que papel o senhor acha que isso desempenha na busca pela felicidade?

O Dalai-Lama pensou um pouco antes de responder.

– É realmente muito difícil dizer em termos gerais em que medida o trabalho contribui para a felicidade humana. Você sabe que há muitos fatores complexos envolvidos. Os interesses do indivíduo, o ambiente, as condições de vida, o panorama social e a natureza do trabalho, tudo pode afetar à medida que o trabalho contribui para a felicidade geral de uma pessoa. Essas coisas podem ser muito importantes. E acho que em grande parte também depende da psicologia, da constituição psicológica do indivíduo. Por isso, se estamos falando da sensação de realização que os indivíduos obtêm com o trabalho em si, é preciso entender que há muitos fatores em jogo.

Suspirei. Recordei nossas várias conversas ao longo dos anos, quando eu buscava respostas diretas, afirmações definitivas, soluções categóricas. Aqui estávamos nós de novo. Mais uma vez eu estava buscando soluções claras e recebendo apenas lembretes desconcertantes sobre a complexidade dos seres humanos.

Mas ele está certo, claro. Embora do ponto de vista darwiniano possamos ter herdado de nossos ancestrais remotos uma propensão inata para experimentar prazer e satisfação a partir da atividade produtiva, não somos mais uma sociedade que basicamente caça e coleta. Com a evolução da humanidade para o mundo moderno, a vida tornou-se mais complexa, e, para muita gente, a alegria espontânea que é possível experimentar por meio do trabalho foi turvada pelas variáveis complexas que caracterizam a vida no século XXI.

Mencionamos anteriormente que, embora tenha sido estabelecida a relação entre trabalho e felicidade, existe considerável discordância entre os pesquisadores sobre o grau e a forma com que o trabalho contribui para a felicidade como um todo. Apesar dessa divergência de opinião, pesquisadores e cientistas sociais concordam ao menos em um ponto: apóiam unanimemente a opinião do Dalai-Lama de que variáveis complexas estão em jogo para determinar a satisfação no trabalho, bem como a satisfação na vida em geral. Como o Dalai-Lama destacou, a personalidade do indivíduo, sua índole, seus interesses, seu ambiente social e muitos outros fatores podem afetar a satisfação no trabalho. E, como o Dalai-Lama sugeriu anteriormente, até mesmo a nacionalidade e a cultura podem desempenhar um papel, fato bem documentado pelo psicólogo industrial e organizacional Paul Spector em um livro recente sobre satisfação no emprego.

Não só existem muitas variáveis ou fatores que podem afetar a satisfação no emprego, como também há muitos fatores que contribuem para uma vida feliz. Conforme o Dalai-Lama nos lembrou antes, a satisfação no emprego é apenas um desses fatores. Existem muitos componentes para a felicidade humana. Ao analisar as extensas pesquisas sobre os fatores que podem influenciar a felicidade humana, Ed Diener, professor de psicologia na Universidade de Illinois, Urbana-Champaign, e um dos principais pesquisadores no campo do bem-estar subjetivo, concluiu: "Parece provável que o bem-estar subjetivo não possa ser definido por um punhado de variáveis significativas devido ao grande número de fatores que podem influenciá-lo." Desse modo, dada a complexidade dos seres humanos, dada a ampla gama de variáveis biológicas, sociais, econômicas ou demográficas que podem afetar nossa felicidade no trabalho ou em casa, por onde devemos começar? As mais recentes descobertas científicas dos pesquisadores no campo da felicidade humana convergem para a sabedoria do Dalai-Lama, baseada na antiga filosofia budista: devemos começar por nos voltar para dentro, reformulando nossas atitudes e pontos de vista. Reproduzindo a perspectiva do Dalai-Lama, o doutor Diener conclui: "Parece que o modo como as pessoas percebem o mundo é muito mais importante para a felicidade do que as circunstâncias objetivas." E existe um sólido conjunto de evidências para sustentar essa asserção.

Por isso, apesar da nobre e bem-intencionada tentativa de alguns pesquisadores de quantificar exatamente em que medida o trabalho contribui para nossa felicidade, é difícil generalizar e trata-se em grande parte de uma questão individual, como o Dalai-Lama aponta. E, dada a alegria que o Dalai-Lama parece exalar enquanto se ocupa de suas atividades diárias, eu tinha muita curiosidade de saber como ele percebia seu próprio trabalho. E havia ainda algo mais na descrição de seu trabalho pessoal – "Não faço nada" – que me confundia, deixando-me vagamente insatisfeito. Eu ainda achava que aprender um pouco mais sobre como ele vê o próprio trabalho e como o trabalho se encaixa na vida dele era algo que poderia ser útil aos outros – algo que poderíamos aplicar a nosso trabalho e nossa vida.

Por isso, dando uma última cartada, eu disse:

– Nesta semana, falamos sobre as atitudes das pessoas em relação ao trabalho, as diferentes visões que elas podem ter de seus empregos. E ainda estou curioso a respeito de sua visão sobre o seu trabalho. No outro dia, perguntei o que o senhor diria a alguém que lhe perguntasse o que o senhor fazia para viver, e o senhor disse que responderia que não faz nada, ou disse brincando que apenas cuida de si, etc. Mas gostaria de chegar a algo mais específico. No seu

FELICIDADE NO TRABALHO

caso, o senhor tem vários papéis: é monge ordenado, líder do povo tibetano, chefe de Estado, professor, erudito budista, palestrante e participa de vários tipos de conferência em todo o mundo. O senhor está envolvido em inúmeras atividades; o ponto onde quero chegar é mais ou menos esse: o que o senhor veria como seu trabalho no mundo? Seu emprego?

– Naturalmente, sou um monge, sou um monge budista. O trabalho de um monge ou seu principal interesse é o estudo e a prática do budismo. Assim sendo, o mais importante é servir aos outros por meio da espiritualidade, por meio de minha própria experiência. Isso é o principal, não é? Portanto, quando dou palestras, estou tentando compartilhar com as pessoas uma compreensão do que é benéfico, do que é uma vida significativa de acordo com a minha própria experiência.

"Agora, se você está falando do meu trabalho temporal, do meu trabalho no mundo, minhas atividades e minhas decisões são baseadas nos princípios budistas. São baseadas tanto no conceito budista de grande compaixão quanto na visão da interdependência. Desse modo, minha política do Caminho do Meio, por exemplo, minha abordagem da questão política tibetana, é moldada por minha visão da interdependência, reconhecendo que, no mundo de hoje, todos os países são interdependentes. Naturalmente, o Tibete depende muito da Índia e da China. Assim, nessa política você também vê a influência de conceitos budistas como o da não violência. Não entramos em guerra contra a China para retomar nosso país. Deste modo, acho que todas as minhas diferentes atividades são influenciadas pelos conceitos budistas. Bem, talvez não todas – posso fazer um trabalhinho com uma chave de fenda e não sei se posso aplicar os conceitos budistas a ele. Não sei – ele riu –, mas, por outro lado, acho que a maior parte ou a parte mais importante de minha vida diária transcorre como monge, como um praticante budista. Por exemplo: acordo às três e meia da manhã e me ocupo com estudo, oração e meditação. Claro que meu irmão caçoa de mim, dizendo que me levanto tão cedo porque estou com fome e quero meu desjejum. – Ele riu de novo. – Pode ser verdade, mas acho que o motivo principal é a minha prática. Desse modo, estudo e prática como monge são minha única profissão. Do contrário não tem mais nada, zero."

– Está bem – eu disse –, mas sei que o senhor tem muitas atividades diárias além das práticas espirituais como monge budista. O senhor mencionou, por exemplo, a situação política, e sei que o senhor tem deveres e trabalho relacionados a seu papel de líder do povo tibetano. Em que medida seus outros tipos de trabalho, como os deveres políticos, contribuem para sua sensação de felicidade e satisfação em geral? O senhor acha que eles têm um papel significativo?

O Dalai-Lama explicou: – Com certeza existe uma correlação entre a satisfação que você consegue no ambiente de trabalho e sua sensação de realização em geral. Entretanto, não estou certo de que minha experiência pessoal possa ser aplicada às experiências de muitos outros indivíduos. Hoje de manhã, por exemplo, eu estava aqui conversando com alguns membros do secretariado tibetano e comentava que, se lêssemos a história do Tibete, ficaria evi-

FELICIDADE NO TRABALHO

dente que, ao longo de várias gerações, nós, tibetanos negligenciamos as mudanças importantes que aconteciam à nossa volta, de tal forma que agora chegamos a um ponto em que muito dos danos são quase irreparáveis. Por isso, de certa forma minha geração herdou uma crise de trágicas conseqüências para nossa cultura e para o povo como um todo. Mas, ao mesmo tempo, ser tibetano e, em especial, ser o Dalai-Lama em uma conjuntura tão crítica me proporciona uma tremenda oportunidade de servir, de servir ao bem-estar do povo e garantir a sobrevivência de sua cultura.

– Isso parece relacionar-se àquilo que discutimos sobre desafio um dia desses. O senhor está dizendo que, quanto maior o desafio, maior a sensação de satisfação que se pode extrair do trabalho? – perguntei.

– Sim, certamente. Por exemplo, no caso de minha própria responsabilidade pelo povo e pela nação tibetanos, nossa atual tragédia, conforme mencionei, é de fato o resultado de muitos fatores complexos, incluindo o longo período de negligência e de ignorância do próprio Tibete sobre os eventos do exterior. Contudo, quando percebo a gravidade da situação, o fato de que a própria sobrevivência dos tibetanos, um povo com herança cultural particular, está ameaçada, sou capaz de valorizar até mesmo minha mais modesta contribuição no sentido de proteger o povo tibetano. O que por sua vez reforça minha compreensão de como meu trabalho em relação à questão do Tibete é na verdade parte de minha vida de prática espiritual diária, a prática de alguém que acredita profundamente que ajudar os outros é a mais alta meta de um praticante espiritual.

◆

Nesse sentido, em minha vida, o trabalho fica intimamente ligado a minhas orações e à prática de meditação diárias. Acho útil, por exemplo, o uso da meditação analítica para gerar uma convicção mais profunda nos princípios de não violência, compaixão, perdão, especialmente em relação aos comunistas chineses. Então você vê que existe uma espécie de influência recíproca entre meu compromisso com certos valores espirituais, minha prática espiritual diária, seu impacto sobre o meu modo de pensar e minha atitude com a vida em geral, e, por sua vez, sobre a forma como tudo isso afeta meu trabalho político pelo povo do Tibete. Portanto meu trabalho político influencia minha prática espiritual. Existe de fato uma interligação. Um bom desjejum, por exemplo, contribui para a minha saúde. E, se gozo de boa saúde, posso utilizar minha vida para prosseguir com meu trabalho. Mesmo um simples sorriso pode ter algum impacto sobre o estado geral de minha mente. Desse modo, tudo é interligado, interdependente. Se você apreciar a natureza interligada de todos os aspectos de sua vida, vai entender como vários fatores (como seus valores, atitudes e estado emocional) podem contribuir para sua sensação de realização no trabalho e para sua satisfação e felicidade na vida.

Por fim tudo fez sentido. Finalmente entendi por que o Dalai-Lama podia afirmar "Não faço nada" ao descrever seu trabalho. Claro que eu sabia que ele, com seu humor brincalhão, havia incluído um elemento de troça na descrição. E, por trás da brincadeira sobre "não fazer nada", eu percebia a sua relutância natural, que observei em várias ocasiões, de se envolver em auto-avaliações desnecessárias. Isso parecia brotar de sua falta de envolvimento consigo mesmo, ou falta de preocupação com a maneira como os outros viam seu trabalho, na medida em que ele tinha a sincera motivação de ser útil aos outros.

Mas também havia uma verdade mais profunda. Conforme comecei a entender durante nossa discussão sobre forças pessoais, ele é alguém que fundiu por completo seu ser com o trabalho. Sua vida pessoal e seu trabalho estavam perfeitamente integrados – tão totalmente integrados que, de fato, não havia nenhuma separação entre vida "pessoal", vida "profissional", vida "espiritual" e vida "doméstica". E, como ele não separava um conjunto específico de funções e as relegava à categoria de "trabalho", ele não tinha trabalho. "Não faço nada." De fato, eu havia me maravilhado muitas vezes com a maneira como ele carrega consigo seu eu inteiro para todos os lugares: ele é sempre o mesmo em qualquer lugar. Ele não tem uma personalidade para o "horário de folga".

Como está inteiramente presente em cada atividade que faz, o Dalai-Lama tem pouca necessidade de modificar ou trocar o comportamento de acordo com o ambiente. Ele é o que é, é igual em casa ou "no trabalho". Deve haver uma enorme sensação de liberdade nesse tipo de vida, pensei. Relembrei uma cena extraordinária que eu havia testemunhado no ano anterior. O Dalai-Lama estava na capital, Washington, e certa noite compareceu a uma recepção em sua homenagem no Capitólio. A recepção era oferecida pela senadora Diane Feinstein, e a elite de Washington estava lá, era um verdadeiro quem é quem dos negociadores de poder em Washington. O evento foi realizado na ala do Senado no Capitólio, no Salão das Dotações de Verba, ricamente decorado. Embaixadores, senadores de peso e líderes do Congresso deslizavam em silêncio pelo fofo tapete vermelho, sob pomposos lustres de cristal, cercados pelos murais com afrescos de cores suaves que cobrem as paredes e o teto. O ambiente servia de pano de fundo adequado para destacar a importância dos presentes. Reconheci muitos rostos que eu via com freqüência na televisão, mas havia algo perturbador em ver aquela gente pessoalmente. Eu não sabia bem por quê. Então me ocorreu o que era – muitas daquelas pessoas não pareciam mais "ao vivo" ali do que na tela da televisão. Olhei atentamente para muitos daqueles líderes do Congresso, seus rostos profundamente vincados, congelados em uma máscara impenetrável, os movimentos rígidos e automáticos. E, entre eles, havia assistentes e estagiários ávidos e jovens, recém-saídos da faculdade, envenenados pelo poder à sua volta, falando com uma excitação contida. *Tentando agir como gente grande*, pensei. Para mim – alguém sem nenhuma exposição prévia ao mundo da política –, a cena era quase surreal.

    Cheguei cedo, e as pessoas estavam circulando por lá. Os convidados mais velhos e mais renomados pareciam tão seguros de sua posição e tão sobrecarregados da própria empáfia que aparentavam pouco interesse por qualquer outra pessoa. Quando eram apresentados a alguém, olhavam através da pessoa, mal se dando conta de que tinham um outro ser humano à sua frente. Os mais jovens ou menos seguros, de longe a maioria, pareciam igualmente alheios àqueles com quem conversavam, enquanto seus olhos dardejavam à volta constantemente, tentando determinar o seu lugar na hierarquia do poder. Alguns abriam caminho apresentando-se, e, como mencionei ao Dalai-Lama depois, a pergunta mais comum era: "O que você faz?" Eles pareciam ter o dom de classificar você – em dezesseis nanossegundos conseguiam determinar se havia alguma maneira de tirar algum proveito de sua pessoa. Se não houvesse, partiam logo, forçando o caminho através da sala para encontrar alguém mais importante. Alguns bebericavam coca *diet* ou vinho branco, e havia uma comprida mesa de banquete no meio da sala, abarrotada de queijos importados, camarão frito, salgadinhos folhados e petiscos variados. A maior parte da comida permaneceu intocada. Muitos pareciam tensos demais para comer. Olhei em volta da sala e vi poucas pessoas com um aspecto descontraído e feliz.

Finalmente o Dalai-Lama entrou na sala. O contraste foi espantoso. Como sempre, ele parecia calmo e animado. Notei que ele nem sequer se preocupara em calçar seus melhores sapatos, uns Rockports de couro: estava usando as velhas sandálias de borracha. A senadora Feinstein e seu marido começaram a apresentar imediatamente o Dalai-Lama a alguns dos convidados. Ele serviu-se sozinho de um copo d'água enquanto a senadora arrastava uma cadeira pesada e antiga de carvalho escuro pela sala, a empurrava contra uma parede e convidava o Dalai-Lama a se sentar. Diversos senadores fizeram fila para ser apresentados. Parado do outro lado da sala, eu não conseguia ouvir o que diziam, mas, ao observar o modo como o Dalai-Lama os cativava – com um aperto de mão sincero, um sorriso caloroso e franco e contato visual direto –, era evidente que, como sempre, ele estava se relacionando com eles simplesmente de ser humano para ser humano, com total ausência de presunção. Logo surgia o inevitável sorriso no rosto da outra pessoa, e até mesmo sua postura ficava mais relaxada. Notei que, após serem apresentados, muitos convidados demoravam-se junto ao Dalai-Lama e pareciam relutantes em se afastar. Finalmente, um senador puxou uma cadeira para perto do Dalai-Lama. O seguinte na fila de cumprimentos fez o mesmo. Logo havia uma dúzia de políticos sentados ao longo da parede, meia dúzia de cada lado do Dalai-Lama. Observando lá do outro lado da sala como todos inclinavam-se na direção dele atentos, absortos na conversa, a cena me fez lembrar da Última Ceia. Parecia que, quanto mais próximos estavam do Dalai-Lama, mais seus rostos e posturas se relaxavam. Ao voltar alguns momentos mais tarde, fui surpreendido por uma cena ainda mais extraordinária – o Dalai-Lama segurava afetuosamente a mão do homem sentado ao seu lado, um velho político experiente muito conhecido que ele acabara de conhecer. Ele segurava a mão do político como se fosse a de uma criancinha, e o político que há poucos momentos se afigurara severo e impenetrável, de repente pareceu tornar-se visivelmente mais suave, mais humano.

 Enquanto isso acontecia, eu conversava com o agente do Departamento de Estado que chefiava o serviço de segurança do Dalai-Lama. Ele fora destacado para a mesma missão em algumas das visitas anteriores do Dalai-Lama aos Estados Unidos e contou que fazer a segurança dele era sua missão favorita, não só porque o Dalai-Lama ia para a cama todas as noites por volta das nove horas – ao contrário de alguns diplomatas que queriam ficar nas boates até as três da manhã –, mas também porque tinha uma admiração sincera por ele. E explicou:

– Claro que não sou budista, mas o Dalai-Lama realmente me inspirou.

– Em que sentido? – perguntei.

– Acho que principalmente por eu ter notado que, em qualquer lugar, ele gosta de conversar com os motoristas, os faxineiros, os garçons e a equipe de serviço. E trata todo mundo igual.

Sem dúvida nada tornava esse fato mais evidente do que aquilo que eu acabara de presenciar ali no Capitólio. Ele tratava a todos com o mesmo respeito. Não havia diferença no modo como o Dalai-Lama tratava o garçom e o líder da maioria do Senado. Sua conduta, seu comportamento, seu discurso e suas ações eram sempre exatamente os mesmos, quer ele estivesse falando com a camareira do hotel, quer com o motorista a caminho de uma recepção, quer com os políticos mais poderosos dos Estados Unidos.

Desse modo, ali estava a resposta – como ele não tinha nenhuma necessidade de fingir, de agir de uma determinada maneira em público ou "no trabalho" e de outra na vida particular, e podia simplesmente ser ele mesmo onde quer que fosse, isso fazia seu trabalho parecer fácil. Claro que a maioria de nós tem um longo caminho a percorrer para atingir tal nível de integração, mas, quanto mais pudermos reduzir o hiato entre quem somos e o que fazemos, mais nosso trabalho vai se tornar fácil.

◆

EPÍLOGO

O assistente do Dalai-Lama, um monge tibetano alto e gentil, com o tradicional manto avermelhado e um eterno sorriso, entrou em silêncio na sala e começou a retirar o serviço de chá discretamente. Percebi que estávamos nos últimos minutos de nosso encontro. Sabendo que nosso horário iria acabar, peguei meu bloco de anotações e examinei a lista de tópicos que eu ainda esperava tratar com ele.

Esquadrinhando a longa lista de temas que ainda não havíamos abordado, eu disse:

– Não temos mais muito tempo, mas ainda há muitas coisas que gostaria de lhe perguntar. Acho que tratamos de muitas das coisas que provocam infelicidade nas pessoas no trabalho, mas ainda há algumas de que não tratamos: toda a questão da ética no trabalho, por exemplo, a insatisfação causada quando os valores pessoais ou princípios éticos do indivíduo não correspondem aos valores éticos da organização onde trabalha, a questão dos informantes, dos escândalos nas empresas, e também gostaria de ir mais fundo nos relacionamentos interpessoais no trabalho e nos negócios, tanto nas relações entre colegas de trabalho como entre patrões e empregados, e...

O Dalai-Lama me interrompeu:

— Howard, se você entrasse em uma discussão mais detalhada sobre o local de trabalho ou os problemas específicos que os vários indivíduos podem encontrar no trabalho, nossa discussão seria interminável; afinal de contas, existem seis bilhões de pessoas no mundo, e cada uma pode ter seus problemas individuais. Além disso, você está entrando em outra área. Até aqui, de um modo geral discutimos a felicidade no trabalho do ponto de vista do trabalhador, do empregado, e as medidas que ele pode tomar para ficar mais satisfeito no trabalho por meio de seu próprio esforço, mudando seu jeito de ver as coisas, ampliando seu autoconhecimento ou fazendo outras coisas de que falamos. Mas essa é apenas uma parte da questão. O empregador, a administração, a organização, tudo isso também contribui para estabelecer o clima do ambiente de trabalho, e claro que, se formos discutir questões mais amplas, como ética nos negócios, na economia, etc., o assunto é outro...

— Bem, de fato eu esperava entrar em uma discussão sobre essas áreas específicas, mas não creio que tenhamos tempo agora.

EPÍLOGO

— Então, isso pode ficar para uma outra ocasião — ele disse. — Claro que não tenho certeza de que eu possa ser útil nesse aspecto, de que tenha algo de útil a oferecer. Não sou especialista em negócios, não sei muita coisa a esse respeito.

— Nem eu — admiti —, mas sei que o senhor tem um grande interesse em aplicar a ética secular a todas as áreas da atividade humana, e por isso eu gostaria de abordar o tema a partir desse ângulo, entre outras coisas.

— Claro, estou sempre disposto a conversar com as pessoas. Então vamos nos reunir de novo e trocar idéias, falar sobre esses assuntos e ver no que dá. Vou oferecer o que estiver ao meu alcance. Mas acho que, de sua parte, você também deve investigar esses tópicos por sua conta, fazer um dever de casa. E seria uma boa idéia falar com gente de negócios, especialistas no setor, e pedir que compartilhem sua experiência para ver como estão implementando esses princípios em suas companhias ou os problemas que enfrentam. Desse modo talvez possamos chegar a algo útil. Vamos fazer o melhor que pudermos.

O Dalai-Lama bocejou, tirou os óculos e esfregou os olhos. Para ele, havia sido um longo dia. Abaixou-se, calçou os sapatos e começou a amarrar os cordões, o sinal padrão — eu sabia por experiências anteriores, de que nosso encontro estava terminando.

— Discutimos sobre o trabalho, e isso faz parte do nosso trabalho. Apreciei você ter vindo, creio que fez uma longa viagem a partir de sua casa no Arizona. E aprecio sua sinceridade – ele disse baixinho, enquanto terminava de amarrar os cordões do sapato e se levantava. – Então, obrigado.

Discutimos sobre o trabalho, e isso faz parte do nosso trabalho... Até aquele momento, não me ocorrera pensar em nossos encontros como sendo um trabalho. Ao longo do tempo em que estivemos juntos, foi como se falássemos de trabalho em um sentido abstrato, como uma atividade que estivesse ocorrendo em alguma outra parte do mundo enquanto uma enorme multidão sem rosto empreendia sua faina diária – com certeza não como algo que estava acontecendo bem ali naquela sala. Claro que no fundo eu sabia que a certa altura seria necessário um tremendo esforço para transformar nossas conversas em livro. Isso aconteceria em outra hora, em outro lugar. Mas o tempo passado em discussão com o Dalai-Lama não fora trabalho – eu havia ficado tão absorto em nossas conversas, tão grato pela oportunidade de me sentar com ele e investigar uma maneira de eu mesmo me tornar uma pessoa mais feliz, que pagaria para estar lá. Aquilo não era trabalho. Ou, se era, então eu havia de algum modo conseguido o mesmo trabalho do Dalai-Lama: "Não faço nada". Acho que a diferença entre nós é que esta é sua posição permanente e para mim era apenas temporária.

Enquanto eu me preparava para sair, o Dalai-Lama pediu que eu esperasse um pouco, foi até a sala ao lado de seu escritório e saiu de lá com uma pequena estátua budista com a qual me presenteou pelo meu aniversário. Não esperava pelo presente e fiquei tão emocionado que perdi a fala, balbuciando algumas palavras incompreensíveis de

EPÍLOGO

agradecimento. A seguir, parado na varanda, próximo à porta de tela, o Dalai-Lama sorriu e me deu um longo abraço de despedida. Havíamos conversado muito, debatido problemas humanos, fatos da vida cotidiana, e eu tinha pela frente um trabalho bem delineado, incontáveis horas de edição, e naquele momento é claro que os resultados definitivos de nossos esforços ainda estavam por vir. Mas, naquele instante, naquele momento de contato humano, na simples troca de carinho e afeição com meu amigo e colaborador, senti que aquilo era exatamente o que o trabalho deveria ser.

APÊNDICE

EXERCÍCIOS DE MEDITAÇÃO ESTABILIZADORA

O primeiro estágio deste exercício é encontrar a hora e o local apropriados para praticá-lo – os mais calmos e tranqüilos possíveis. Procure um momento em que você saiba que não será perturbado por pelo menos cinco a dez minutos. Se desejar, tire o fone do gancho ou desligue a campainha. Seria bom dispor de um cômodo isolado, como uma sala de leitura, onde não possa ouvir o telefone. É importante criar um tempo e um espaço de silêncio. Depois de conseguir um ambiente apropriado, você pode começar a prática formal sentado.

O próximo passo é adotar a posição sentada adequada. Sente-se em uma posição bem confortável. Você pode sentar-se em uma cadeira ou em uma almofada no chão, ou, se julgar mais confortável, pode até deitar-se de costas na cama, embora nesse caso tenha de tomar cuidado para não pegar no sono. Qualquer que seja a postura adotada, é fundamental manter a coluna bem alinhada. Mantenha os braços relaxados, os olhos ligeiramente entreabertos, ou fechados. Se optar por manter os olhos entreabertos, o olhar deve ser dirigido para baixo, mas sem olhar ou focar especificamente um determinado objeto. A boca deve ficar fechada, mas com o maxilar relaxado e a língua tocando levemente o palato superior logo atrás dos dentes da frente. É importante certificar-se de que não há nenhuma tensão em qualquer parte do corpo que possa distrair sua atenção.

Uma vez sentado na postura correta, relaxe os ombros enquanto respira profundamente. Então, determine que, durante esse período de disciplina mental, você tentará manter sua mente concentrada e não permitirá que ela vagueie a esmo. Essa resolução assemelha-se a estabelecer o tom de uma conversa.

Faça algumas inspirações profundas e solte o ar lentamente. Respire profundamente a partir do abdome, de modo que ele suba e desça enquanto você inspira e expira. Essa respiração ajudará a acalmar a mente e a reduzir a intensidade do pensamento constante que em geral percorre a mente. Com essa preparação física e mental, você pode finalmente dedicar-se aos seguintes exercícios:

APÊNDICE

Exercício A

1. Depois de respirar profundamente – de três a sete vezes, dependendo do que você precisa para atingir um certo grau de calma mental –, deve voltar a respirar normalmente. Deixe a respiração fluir livremente, sem esforço, inspire e expire, enquanto se mantém concentrado na atividade respiratória o tempo todo. Enquanto inspira, observe apenas o ar entrando, e, enquanto expira, observe apenas o ar saindo. Sua mente deve ficar em um estado neutro, imparcial, livre de julgamentos. Não ponha a mente para funcionar; deixe-a descansar naturalmente com a atividade simples da respiração. Você deve repetir esse processo pelo tempo que conseguir.

2. Sem dúvida surgirão muitos pensamentos, e sua mente se deixará levar; quando isso ocorrer, apenas observe o fato e volte a se concentrar. Faça algumas respirações profundas, conforme explicado antes, e dirija novamente a atenção para a respiração.

No início, você pode fazer a prática sentada formal por cinco ou dez minutos. À medida que você progredir e sua capacidade de permanecer concentrado na simples atividade de respirar aumentar, você pode ampliar gradualmente a duração da prática sentada formal.

Exercício B

Alguns indivíduos, em particular os com mentes mais ativas, podem achar o primeiro exercício um pouquinho difícil, pelo menos nos estágios iniciais da prática. Para esses indivíduos pode ser mais eficiente uma outra forma de meditação. A variação inclui contar as respirações, além de observá-las. Algumas pessoas constatam que contar ajuda a manter a atenção na respiração. Neste caso, realize a mesma preparação do corpo e da mente.

1. Depois de fazer algumas respirações profundas, dirija a atenção para a respiração. Como no exercício anterior, você deve respirar normalmente, permitindo que o ar entre e saia sem esforço. Agora, em vez de apenas observar a respiração, você deve contar mentalmente suas respirações. Conte cada ciclo de inspiração e expiração como uma unidade. Portanto, à medida que inspira e expira, conte mentalmente "um", depois "dois", "três" e assim por diante. No início, pode contar até dez, quinze ou vinte, dependendo do tempo que você consiga manter a atenção sem se distrair.

2. Quando sua mente começar a se distrair, só observe o fato e volte a se concentrar. Faça algumas respirações profundas, como antes, e então retome a contagem das respirações.

No começo, é melhor fazer uma sessão relativamente curta, digamos por cinco ou dez minutos. Entretanto, à medida que você progredir em sua disciplina mental, sua capacidade de permanecer concentrado aumentará.

É importante praticar regularmente o exercício que você escolheu. A rotina e a regularidade da prática por elas mesmas trarão disciplina e concentração para sua vida. Ao se

APÊNDICE

familiarizar com esse tipo de exercício sentado formal e deliberado, você vai adquirir gradualmente a capacidade de cultivar um estado mental estável que poderá direcionar com sucesso para qualquer questão. Dessa maneira, você será capaz de superar muitos dos problemas que surgem simplesmente em conseqüência de um estado mental desconcentrado e indisciplinado.

PARA MAIS INFORMAÇÕES

Para mais informações sobre o Dalai-Lama, outros livros de sua autoria, sua agenda de ensinamentos e palestras públicas ao redor do mundo, visite o site www.dalailama.com.

Para mais informações sobre os *workshops*, palestras e atividades do doutor Howard Cutler, visite o site www.theartofhappiness.com.

IMPRESSÃO E ACABAMENTO:
YANGRAF Fone/Fax: 6198.1788